Botschaften der ENGEL für das ganze Jahr

Botschaften der ENGEL für das ganze Jahr

Angela McGerr

Illustrationen von Richard Rockwood

KOHA

Dieses Buch fördert deine Reise auf dem Weg der Engel, dem Weg der Liebe und des Lichts, dem Weg des offenen Herzens. Indem du mit den Engeln und bedingungsloser Liebe arbeitest, lässt du das Wasser des Lebens in den Kelch deines Herzens strömen. Öffnet sich die Blüte deines Herzens und beginnt, Liebe und Schönheit um dich herum zu verbreiten, so hast du es auf dem Weg weit gebracht.

Andere Werke von Angela McGerr:

In Harmonie mit Engeln

Harmonie Engel Karten

Engel der Fülle

Schutzengel für jeden Augenblick

Titel der Originalausgabe: an Angel for every day

Alhambra House 27-31 Charing Cross Road
London WC2H OLS

Deutsche Ausgabe

1. Auflage 2006
Übersetzung aus dem Englischen: Nayoma de Haën
Lektorat: Delia Rösel
ISBN 978-3-936862-96-6
Gedruckt in China

Inhalt

Einführung in das Engeljahr 6

Dezember/Januar: *Nadiel*, der Engel des Steinbocks 12

Januar/Februar: *Cambiel*, der Engel des Wassermanns 36

Februar/März: *Barakiel*, der Engel der Fische 60

März/April: *Machidiel*, der Engel des Widders 84

April/Mai: *Tual*, der Engel des Stiers 108

Mai/Juni: *Ambriel*, der Engel des Zwillings 132

Juni/Juli: *Muriel*, der Engel des Krebses 156

Juli/August: *Verchiel*, der Engel des Löwen 180

August/September: *Hamaliel*, der Engel der Jungfrau 204

September/Oktober: *Zuriel*, der Engel der Waage 228

Oktober/November: *Barakiel*, der Engel des Skorpion 252

November/Dezember: *Adnachiel*, der Engel des Schützen 276

Index 300

Danksagung 304

Einführung in das Engeljahr

Der Zweck dieses Buches

Mit Hilfe dieses Buch kannst du dir die liebevolle Unterstützung der Engel sichern, indem du sie, genau wie ich, jeden Tag in dein Leben einlädst. In der Arbeit mit den Engeln, Tag für Tag, Monat für Monat, wirst du allmählich merken, dass dir die Namen und speziellen Aufgaben der Engel ganz selbstverständlich werden. Während dir die Engel helfen, leichter mit den Anstrengungen der heutigen Welt umzugehen, wirst du ermutigt zu überdenken, was deiner Ansicht nach möglich und was unmöglich ist.

Die Hilfe der Engel bei karmischen Problemen

Wir müssen alle der Tatsache ins Auge sehen, dass uns etliche Schwierigkeiten nicht grundlos begegnen. Die Unterstützung der Engel hilft dir, so manche der negativen Seiten des Lebens in etwas Positives zu verwandeln. Wenn du lernst, Herausforderungen anzunehmen und dich durch die Lektionen des Lebens hindurchzuarbeiten, wird dein Herz zufriedener und friedvoller und allmählich zu einem Zentrum der Ruhe.

Zur Verwendung dieses Buches

Die Leser meines Buches Harmonie der Engel wissen bereits, dass jeder Wochentag von einem Engel regiert wird, der an diesem Tag besonders angerufen werden kann. In diesem Buch über die zwölf Monate des Jahres bauen wir auf diesem Wissen auf und arbeiten mit den Engeln der Tierkreiszeichen. Wenn du in einer Krisensituation bist, kannst du das Buch einfach aufschlagen und die dort geschriebene Botschaft nehmen. Du kannst aber auch einen Monat lang den Vorschlägen folgen – dazu kannst du deinen Geburtsmonat wählen oder den Monat, in dem du dieses Buch gerade liest. Vielleicht entscheidest du dich jedoch auch, die Kapitel dem Jahreslauf folgend zu lesen.

Die Struktur des Buches

Dieses Buch besteht aus zwölf in sich geschlossenen Kapiteln für die Monate Januar bis Dezember. Du kannst es zufällig aufschlagen und sehen, was dir die Engel durch diese Seite sagen, denn sie wird auf jeden Fall etwas mit deinem Leben zu tun haben. Oder du beginnst mit dem Kapitel über den Engel deines Tierkreiszeichens, dessen Themen dir sicherlich vertraut sind. Du kannst auch mit der Jahreszeit beginnen, in der du gerade dieses Buch liest und dich von den Engeln auf diese Weise beraten lassen – du hast die Wahl!

Der Aufbau der Kapitel – ein Beispiel

Das erste Kapitel umfasst den Zeitraum von Dezember bis Januar und das Tierkreiszeichen Steinbock, über das der Engel Nadiel herrscht. Dieses Erdzeichen ist dem Planeten Saturn zugeordnet. Steinbock geht in der Regel mit folgenden Qualitäten einher, bei denen dir die Engel in diesem Kapitel helfen:

> Selbstvertrauen, innere Überzeugung, Sinn fürs Praktische, Gründlichkeit, Entschlossenheit, Standhaftigkeit.

Vielleicht besitzt du von diesen Eigenschaften genau die richtige Mischung, vielleicht hast du aber auch von einer zu viel oder zu wenig. Die Engel dieses Kapitels helfen dir, ein Gleichgewicht zu finden.

Steinbock ist ein Erdzeichen. In jedem Kapitel werden auch die Engel der Elemente angesprochen und in diesem Kapitel bieten sie die folgenden Kräfte der Erde:

> Innere Stärke, Weisheit, Ruhe, Wachstum und Stärkung positiver Emotionen.

Wenn du das Gefühl hast, eine dieser Qualitäten zu brauchen, wird dir dieses Kapitel helfen.

Jedes Tierkreiszeichen wird von einem Planeten des Sonnensystems regiert. Beim Steinbock ist es der Saturn und der Herrscher des Saturn ist der Engel Cassiel.

Cassiel kann dir helfen, Veränderungen anzunehmen und mit Herausforderungen umzugehen.

Wenn du vor Schwierigkeiten stehst oder eine Herausforderung auf dich zukommt, bietet dir Cassiel eine Meditation an, um damit umzugehen und in deinem Leben weiterzukommen.

Dieses Buch zusammen mit den Harmonie ENGEL Karten verwenden

Die Harmonie ENGEL Karten bieten die Möglichkeit, mit den Engeln der Tierkreiszeichen zu arbeiten und das vorliegende Buch kann zusammen mit einer Karte aus dem Kartensatz des Sternenfeuers von Pistis Sophia verwendet werden. Wenn in einem Reading (= aus den Karten »lesen«), eine Karte dieses Kartensatzes aufgetaucht ist, ist damit eine Botschaft eines Engels der Tierkreiszeichen verbunden, die dir sagt, welches Thema für dich persönlich gerade aktuell ist. Nun kannst du in diesem Buch das Kapitel dieses Engels lesen und dir Rat holen, wie du diese Botschaft praktisch umsetzen kannst.

Engel-Anrufungen als tägliche Praxis

Wir empfehlen, mit den von dir gewählten Engeln jeden Tag auf verschiedene Weise zu arbeiten. Als Erstes gilt es zu lernen, wie du die Energie des Engels herbeirufst, denn die Engel kommen immer, wenn du sie von Herzen rufst. Du kannst die Energie und den Fokus noch stärken, wenn du mit deinen Themen in dem Monat arbeitest, in dem sie besonders angesprochen werden. Du kannst jedoch genau wie ich die Engel jederzeit anrufen, wo immer du bist, was immer du tust – beim Spazierengehen, im Bus, im Büro oder beim Abwaschen.

Am Anfang jedes Kapitels erfährst du, wie du die Engel anrufen kannst. Diese Invokationen sind alle sehr einfach auszuführen und im Gedächtnis zu behalten. So kannst du sie leicht jeden Tag oder nach Bedarf wiederholen. Es gibt auch einfache Übungen und Meditationen, um deine Verbindung zu den Engeln zu stärken. Wenn du mehr darüber wissen möchtest, wie du die Engel dieses Buches channeln kannst, schau in das Buch *Schutzengel für jeden Augenblick*.

Das Leben verändern

Um dein Leben mit Hilfe der Engel zu verändern, empfehle ich dir, irgendwo im Buch zu beginnen, wo immer du magst, und von dort aus alle zwölf Monate durchzuarbeiten. So setzt du dich mit allen persönlichen Themen nach und nach auseinander. Wenn du auf diese Weise ein ganzes Jahr gearbeitet hast, wirst du der hohen Schwingung der Engel näher gekommen sein und kannst auf persönlichere Weise mit den Engeln jeden Tag zusammenwirken. Je mehr du mit den Engeln arbeitest, desto näher kommst du ihrer Energie und in desto größere Übereinstimmung bringst du dich mit ihnen. Von ihrer bedingungslosen Liebe umhüllt kannst du die Herausforderungen des Lebens leichter annehmen. Arbeite nun daran, deine Wünsche und den wahren Zweck deines Lebens zu erreichen. Schreibe die Schablone deines Lebens allmählich um und du wirst Zufriedenheit finden.

Ich sende dir Liebe und Licht,
Angela McGerr

Ein neues Jahr bricht an – Zeit für Selbsterneuerung oder einen Richtungswechsel?

Nadiel, Engel des Steinbocks

Mit meiner liebevollen goldenen Energie und meinen grünen Strahlen lebendigen Lichts bringe ich dir bronzene Stärke, um deine Füße fest in den Boden zu pflanzen und dir für deine persönliche Entwicklung Ausdauer zu verleihen. Mit deiner Entschlossenheit und deiner Gründlichkeit vermagst du viel zu erreichen, vorausgesetzt, du verlierst nicht das Vertrauen in dich selbst oder deine Fähigkeiten. Du verfügst über alles, was für dieses Spiel des Lebens notwendig ist, wenn du dich nicht zu sehr festfährst. Lass zu diesem Jahresbeginn alle Vorurteile los und betrachte deine Träume aufs Neue. Was möchtest du erreichen? Gründe deine Bestrebungen auf ein starkes Fundament und nähre sie mit echter Überzeugung. Lerne, kleine Rückschläge zu überwinden und nütze deine Fähigkeiten, um neue Herausforderungen zu bewältigen. Meine Erdenergie verleiht dir die innere Stärke, nach Schönheit und Erfüllung zu streben.

Herrscher des Erdzeichens Steinbock ist Saturn, der Planet der Überwindung von Schwierigkeiten, um so zu Frieden und Gelassenheit zu gelangen. Der Engel, der den Saturn regiert, ist Cassiel.

Zum Jahreswechsel raten dir Nadiel und die anderen Engel dieses Kapitels, diese Chance für Selbsterneuerung oder Veränderungen zu nutzen. Es ist Zeit, auf dein vergangenes Jahr zurückzublicken und Entscheidungen zu treffen – war es so, wie du es dir gewünscht hast oder warst du ein wenig enttäuscht? Bist du Herausforderungen begegnet? Wenn das Jahr gut verlief, kannst du mit den Engeln daran arbeiten, dein Selbstvertrauen und deine Entschiedenheit weiter zu entwickeln, damit dieses Jahr genauso gut oder besser wird. War es enttäuschend, so überlege, was du in deiner Arbeit, deinem Zuhause, deinen Beziehungen oder deinem Land ändern kannst, damit du nächsten Dezember mit größerer Zufriedenheit zurückblicken kannst.

Auf der gegenüberliegenden Seite stehen die Qualitäten und Fähigkeiten, um die es in Nadiels Kapitel geht. Verfügst du in genau dem richtigen Maße über sie oder brauchst du ein wenig Unterstützung? Wenn du dafür die Hilfe der Engel gerade gut gebrauchen könntest, lies weiter.

Persönliche Qualitäten des Zeichens Steinbock und des Engels Nadiel:

Selbstvertrauen, innere Überzeugung, Sinn fürs Praktische, Gründlichkeit, Entschlossenheit, Standhaftigkeit.

Die Engel der Elemente bieten dir diese Stärken der Erde:

Innere Stärke, Weisheit, Ruhe, Wachstum und Erweiterung positiver Gefühle.

Cassiel, der Engel des Saturn, unterstützt:

Die Fähigkeit, Veränderungen willkommen zu heißen und Herausforderungen anzunehmen.

Eine einfache Art mit diesen Themen zu arbeiten ist, Nadiel um Hilfe zu bitten.

Entscheide dich zuerst, welches deine Prioritäten sind und ob deine persönlichen Qualitäten oder zwischenmenschlichen Fähigkeiten der Auffrischung bedürfen. Welcher Begriff der Liste auf Seite 15 entspricht am ehesten deinen jetzigen Bedürfnissen? Verwandle ihn in eine Invokation: »*Nadiel, Nadiel, Nadiel, bitte hilf mir bei ... (z.B. meinem Selbstvertrauen und meiner inneren Überzeugung). In Liebe und Licht, Liebe und Licht, Liebe und Licht.*«

Wenn du möchtest, kannst du auch sagen: »*zu meinem höchsten Wohle*« statt »*in Liebe und Licht*«. In manchen der Invokationen habe ich das alternativ verwendet. Das Wichtigste ist am Anfang drei Mal den Namen des Engels und am Ende drei Mal die von dir gewählte Formulierung zu wiederholen.

Wenn du mit der Invokation beginnst, schließe deine Augen, um deutlicher deine Empfindungen wahrzunehmen und halte deine Hände vor dich, um die Engelenergie zu spüren, die als Antwort erscheint. Entspanne deine Hände und erlaube dir, zu fühlen.

Nadiel fühlt sich meistens wie ein warmer Lufthauch an, ein Kitzeln oder ein sanfter Druck. Am Anfang spürt man es oft an den Fingern oder Handflächen und eher auf der linken, der empfangenden Seite. Wenn du dies spürst, danke Nadiel, dass er dir zu Hilfe gekommen ist. Wenn du am Anfang nicht viel spürst, versuche es immer wieder – es braucht ein wenig Übung.

Schreibe diese erste Invokation auf einen Klebezettel und hänge ihn dort auf, wo du ihn jeden Tag sehen und so auswendig lernen kannst. Sprich deine Invokation so oft, wie du sie brauchst – **die Engel sind immer da!**

Du kannst deine Invokation mit jenen Farben, Blumen und Kristallen verstärken, die zu Nadiel, Cassiel und anderen Steinbock-Engeln gehören. Sie werden in diesem Kapitel noch beschrieben.

Brauchst du erst einmal Zeit, um über deine Bedürfnisse nachzudenken?

Eth, der Engel der Zeit, sagt, die Zeit fließt:
Ich bin der Engel, der über die Zeit herrscht. Die Zeit ist nicht, was ihr meint. Zeit fließt als ein endloser Strom durch meine Hände – Vergangenheit, Gegenwart und Zukunft. Sie fließt wie das Unendlichkeitssymbol vor und zurück, immer rundum, manchmal schneller, manchmal langsamer. Die Menschheit hat es sich einfach in den Kopf gesetzt, Zeit als etwas Feststehendes zu betrachten. Ich lasse den Strom der Zeit fließen. Wenn es zu deinem Besten und nötig ist, dass du den Fluss änderst, so bitte mich um Hilfe.

Eth kann dir helfen, Zeit zum Nachdenken zu finden. So kannst du Eth rufen: *»Eth, Eth, Eth, bitte hilf mir, die Zeit zu finden, um über mich selbst nachzudenken und mir klar zu werden, was mich glücklich machen würde. In Liebe und Licht, Liebe und Licht, Liebe und Licht.«*

Du kannst die beiden folgenden Affirmationen an Nadiel deinen eigenen Wünschen anpassen. Wenn du eine von ihnen ausprobieren möchtest, schreibe sie auf und platziere sie so, dass du sie jeden Tag wiederholen kannst, bis du dein Ziel erreicht hast.

Zur Stärkung der Entschlossenheit und der inneren Überzeugung:
»Nadiel, ich weiß, ich verfüge über die Entschlossenheit, das Selbstvertrauen und die innere Überzeugung, die ich zum Erreichen meiner Ziele brauche. Von deiner Liebe geführt, werde ich diese Ziele systematisch verfolgen und nicht aufgeben, bis ich sie erreicht habe.«

Zur Stärkung des Sinns fürs Praktische und der Gründlichkeit:
»Nadiel, ich habe neue Ziele, aber ich muss praktischer werden, um sie zu verwirklichen. Mit deiner liebevollen Hilfe werde ich gründlich und realistisch vorgehen und die Ausdauer entwickeln, um meine Träume zu verwirklichen.«

Die Farben des Steinbocks können dir helfen, indem du sie während der Arbeit an diesen Themen trägst oder auf andere Weise in dein Leben bringst.

Grün für persönliches Wachstum. Die Erdzeichen gehen immer mit Grün einher. In diesem Monat hilft Smaragdgrün, das Herz zu heilen. Es beruhigt und lässt dich die innere Überzeugung entwickeln, die zum Erfolg nötig ist. Blattgrün unterstützt inneres Wachstum und die Stärkung deiner positiven Eigenschaften.

Türkisblau und Bronzegrün für Weisheit und Standhaftigkeit. Türkis verleiht die Weisheit, Chancen zu erkennen und zu nutzen, wenn sie sich bieten. Bronze verhilft zu der körperlichen Stärke, Ausdauer und Standhaftigkeit, die du vielleicht brauchst.

Steine des Steinbocks. Steine in den entsprechenden Farben helfen in diesem Monat, z.B. Smaragd, Malachit, Peridot oder Türkis. Diese Steine verleihen zusätzliche Energie. Du kannst sie auch während der Übungen und Meditationen programmieren. Einen Peridot kannst du bei der Atemübung auf Seite 23 verwenden. Cassiels Steine sind schwarzer und weißer Achat, Goldglanz-Obsidian, Schneeflocken-Obsidian und Rutilquarz (Meditation dazu auf Seite 32).

Achaiah, der Engel der Geheimnisse der Natur, rät dir, das Grün frischer Blätter zu atmen, um Eigenschaften wie Entschlossenheit, Selbstvertrauen, Überzeugung und Sinn fürs Praktische zu entwickeln.

Wenn du einen Peridot hast, halte ihn in deiner linken Hand, um ihn bei dieser Atemübung zu programmieren. Stell dir vor, dass du in deinem Herzen eine grüne Flamme für Wachstum und Ausdehnung entzünden kannst. Dann rufe den Engel:

- *»Achaiah, Achaiah, Achaiah, hilf mir, die Kraft des Grüns zu atmen, um mein Herz mit positiver Energie zu bereichern, die ich in meine Emotionen fließen lassen kann. In Liebe und Licht, Liebe und Licht, Liebe und Licht.«*
- Jetzt stell dir vor, dass du grünes Licht einatmest, es fließt nach unten in dein Herz und entzündet in dir eine grüne Flamme.
- Atme weiter und spüre, wie die Flamme an Intensität zunimmt, durch deinen Körper strahlt und deine positiven Eigenschaften belebt. Du weißt, wozu du diese Flamme brauchst.
- Spüre, wie die Kraft des Grüns dein wahres Potenzial erweitert und die praktischen Grundlagen schafft, die zur Verwirklichung nötig sind.
- Während du jetzt grünes Licht ausatmest, umwirbelt es dich und umhüllt dich mit einer Aura der Durchhaltekraft.
- Bedecke deine linke Hand, die den Stein hält, mit deiner rechten und bitte die Engel, die positive Energie, die du erzeugt hast, darin zu verankern. Trage diesen Stein bei dir, um deine positive Haltung weiter zu stärken.
- Danke den Engeln für ihre Hilfe.

Neujahr – Zeit für neue Ideen oder eine Richtungsänderung? Nadiel ist auch der Engel des Wohnungswechsels, Jobwechsels oder Landeswechsels. Vielleicht ist es an der Zeit, dir von Nadiel und anderen Engeln helfen zu lassen, große Veränderungen zu unternehmen und deine wahre Bestimmung zu finden.

Für innere Sicherheit, wenn du die Wohnung, die Arbeit oder das Land zu wechseln gedenkst. Bitte Nadiel, dich zu führen, indem du sagst: *»Nadiel, Nadiel, Nadiel, bitte zeige mir in meinem Herzen, ob ich diesen Wechsel vornehmen soll. In Liebe und Licht, Liebe und Licht, Liebe und Licht.«*

Für Hinweise durch Träume über einen Richtungswechsel. Schreib Nadiels Namen mit dieser Anrufung auf ein Blatt Papier und lege es über Nacht unter dein Kissen. Bitte Nadiel dabei mental, dich in einem luziden Traum zu führen. Sprich: *»Nadiel, Nadiel, Nadiel, lass mir durch meine Träume klar werden, was ich als Nächstes tun soll. In Liebe und Licht, Liebe und Licht, Liebe und Licht.«*

Durchhaltekraft und Erfolg, falls du dich bei dieser Veränderung blockiert fühlst. Rufe Zadkiel, den Engel der Fülle, der Weisheit und des Erfolgs, um dir zu helfen. Sprich: *»Zadkiel, Zadkiel, Zadkiel, bitte hilf mir, sehr erfolgreich in meinem Leben vorwärts zu kommen. In Liebe und Licht, Liebe und Licht, Liebe und Licht.«*

Hilfe von Oriel, dem Engel der Bestimmung. Falls du dir unsicher bist, frag Oriel, ob dieser Wechsel deiner wahren Bestimmung entspricht: *»Oriel, Oriel, Oriel, ich bitte dich um Rat, wie und wo ich meine wahre Bestimmung finden kann. In Liebe und Licht, Liebe und Licht, Liebe und Licht.«* Oriel arbeitet oft mit Täbris zusammen, dem Engel des freien Willens (siehe Seite 30).

Um deiner Entschlossenheit Kraft zu verleihen. Rufe Zeruch, den Engel der Stärke, indem du sagst: *»Zeruch, Zeruch, Zeruch, bitte verleih mir deine Stärke und deine Ausdauer, um mich körperlich bei dem Erreichen meiner Ziele zu unterstützen. In Liebe und Licht, Liebe und Licht, Liebe und Licht.«*

Steinbock ist ein Erdzeichen. Nutze die positive Energie von Mutter Erde, um dein Gefühl der Erneuerung auf vielfältige Weise zu unterstützen.

Zum Energieausgleich rät dir Achaiah, der Engel der Geheimnisse der Natur, deine in den Themen dieses Monats involvierten Energiezentren mit Aromaölen zu heilen, auszugleichen und zu stärken. Wenn du die Übungen dieses Steinbock-Monats durchführst, kannst du eine Duftlampe verwenden oder zwei bis drei Tropfen Aromaöl in eine kleine Wasserschale geben. Du kannst dir das Öl auch auf die Handgelenke reiben. Die vier relevanten Chakren sind: Basischakra (Grundlagen, Praktische Aspekte, Erdung); Solar-Chakra (Positive Gefühle und Ausdauer); Herzchakra (Gelassenheit, Überzeugung, Innere Erweiterung); Kehle (Chancen und Wahrheit). (Siehe auch Skorpion, Seite 267.) Anmerkung: Vorsicht mit Aromaölen während der Schwangerschaft!

- **(Basis) Steißbein:** Patschuli für Stärkung und Erdung
- **(Solar) Solar Plexus:** Vetivergras für Schutz und Ausgleich
- **(Herz) Herzgegend:** Rose für Heilung, Öffnung, Ausdehnen des Herzens
- **(Kehle) Kehlbereich:** Kamille für das Aussprechen der Wahrheit

Besondere Pflanzen für Nadiel und Steinbock. Stiefmütterchen, Amaranth und Beinwell sind typische Steinbock-Pflanzen. Du kannst auch Kiefern- und Weidenzweige nehmen und daraus Blumengebinde machen, die dich an die Erdenergie dieses Monats und die Verbindung mit den Engeln erinnern.

Zuphlas, Schutzengel der Bäume, der auf der nächsten Seite vorgestellt wird, rät zu Kiefern- oder Pinienöl zur Reinigung und Belebung, vor allem in einem Bad. Wacholder hilft gegen Negativität in einem Raum und Zeder stärkt die Verbindung zu den Engeln.

Siehst du den Wald vor lauter Bäumen nicht? Zuphlas bietet dir eine Botschaft und eine Übung an (Seite 29), um dich mehr zu entspannen und dem Zauber der Erde und Bäume näher zu kommen. Rufe Zuphlas mit den Worten: *»Zuphlas, Zuphlas, Zuphlas, bitte hilf mir, mich mehr zu entspannen und geduldig über die augenblicklichen Probleme hinauszuschauen. Wie deine Bäume brauche ich eine langfristige Perspektive und ich bitte dich dabei um Hilfe, zu meinem höchsten Wohle, höchsten Wohle, höchsten Wohle.«*

In diesem Erdmonat hilft dir die Natur, Stress loszulassen und dich zu stärken, damit du überlegen kannst, was du in dem kommenden Jahr machen willst.

Zuphlas, der Engel der Bäume, gibt dir seine Botschaft:
Vielleicht spürst du, wie ich auf sanften Zephyrwinden zur Erde hinabgleite und die Blätter, Rinde und Zweige meiner Bäume mit liebevoller Energie und Gleichgewicht erfülle. Wenn du dich den Bäumen zuwendest, wendest du dich auch mir zu und ich erwidere deine Liebe. Dies ist eine langfristige Philosophie. Nimm dir etwas Zeit, um deine Verbindung mit Mutter Erde und der Natur zu erneuern und dich von der reinen Kraft und der uralten, heiligen Weisheit meiner Bäume heilen zu lassen.

Wenn dein Leben gerade anstrengend ist, rät dir Zuphlas:
Strebe danach, mehr Zeit an der frischen Luft zu verbringen. Selbst im Winter schläft die Natur nur und wartet auf ihr Erwachen. Setz dich irgendwo unter Bäume. Lies meine Botschaft und dann schließ deine Augen und lass die sanfte und doch starke Energie der Bäume in dich fließen. Das entspannt, verbindet mit der Natur und wirkt ausgleichend.

Falls du weißt, dass du dieses Jahr dein Leben vollständig verändern möchtest und mehr Entschlusskraft brauchst:

Eine Botschaft von Täbris:
Vom Tor zum Licht her locke ich dich mit meinem goldenen Glanz. Ich will deine Schritte leiten, denn im Laufe deines Lebens öffnen sich dir viele Tore, aber nur wenige führen dich zum Licht.

Möglichkeiten erschaffen: Schreibe den Namen von Täbris auf einen Zettel und hänge ihn dorthin, wo du ihn jeden Morgen siehst. Sprich: *»Täbris, Täbris, Täbris, ich suche nach dem Tor zum Licht in meinem Leben. Bitte führe mich zu der Möglichkeit, dieses Tor zu finden, das mich in eine glücklichere und erfülltere Zukunft führt. In Liebe und Licht, Liebe und Licht, Liebe und Licht.«*
Sei geduldig.

Wenn du zwischen zwei Möglichkeiten wählen musst: Sprich: *»Täbris, Täbris, Täbris, ich muss jetzt eine Entscheidung treffen und sie soll zu meinem höchsten Wohle sein. Bitte führe meine Schritte zu meinem persönlichen Tor zum Licht. In Liebe und Licht, Liebe und Licht, Liebe und Licht.«* Sage dies so oft du es brauchst, bis du eine Entscheidung getroffen hast, die sich in deinem Herzen richtig anfühlt.

Der Herrscher des Steinbocks ist Saturn, der Planet der Herausforderung. Manchmal müssen wir uns Herausforderungen stellen und versuchen, sie gelassen zu überwinden. Wenn das für dich gerade der Fall ist, kannst du die folgende Meditation mit Cassiel ausprobieren.

- Setz dich ruhig hin und schließ deine Augen. Hab die Herausforderung, vor der du stehst, im Sinn.
- Wenn du einen Cassiel-Stein hast (siehe Seite 21), halte ihn in deiner linken Hand.
- Rufe Cassiel, indem du sagst: »*Cassiel, Cassiel, Cassiel, bitte hilf mir, mich dieser Herausforderung zu stellen und sie zu überwinden, damit ich mich auf das Neue Jahr freuen kann. In Liebe und Licht, Liebe und Licht, Liebe und Licht.*«
- Atme so tief wie möglich und stell dir vor, dass du reine, weiße Energie in deinen Körper hinein atmest, bis hinunter zu deinen Zehen.
- Mit jedem Ausatmen lässt du negative Gefühle wie Ängste oder Sorgen los, bis du frei davon bist.

- Mit dem nächsten Ausatmen sende das weiße Licht durch deine Zehen hinab zum Herzen von Mutter Erde, bis es sich mit dem Kristall in ihrem Herzen verbindet.
- Jetzt atme diese kristalline Energie zurück durch deine Zehen und ziehe sie in dein Herz.
- Während dein Herz in diesem funkelnden, kristallinen Licht badet, weißt du intuitiv, wie du diese Herausforderung überwinden kannst.
- Sende Licht nach oben zu deinem Scheitel, so wird dein Verstand klar und kann entscheiden, was zu tun ist, damit das Ergebnis dir Frieden und Gelassenheit schenkt.
- Bitte Cassiel, deine positiven Gefühle zu verankern und die Programmierung deines Kristalls zu vollenden. Danke ihm für seine Hilfe.
- Trage den Kristall bei dir, um dir Vertrauen zu geben, bis deine Herausforderung gelöst ist.

Engel, die Elemente und Mut

»Als ich kürzlich von einem Wochenende in Angelas Melchisedek-Mysterienschule zurückkehrte, kam ich spät abends bei minus 5 Grad an dem vereisten und zugeschneiten Genfer Flughafen an. Am Tag zuvor war der Flughafen neun Stunden lang geschlossen gewesen. Ich stellte mich also in die lange Schlange vor dem Taxi-Stand, aber plötzlich drängte es mich, doch mein Auto zu nehmen, welches in der Tiefgarage stand. Dies war eine verwegene Idee für mich, denn ich fürchte mich normalerweise sehr davor, bei Schnee und Eis zu fahren.
Ich bat um den Schutz der Engel und fuhr mit einem neuen Gefühl der Stärke nach Hause. Der Verkehr war sehr langsam und die Fahrzeuge glitten gefährlich dicht nebeneinander dahin. Ich sah drei Linienbusse, die ihre Fahrgäste aussteigen ließen, weil sie nicht weiterfahren wollten. Mein Herz pochte, doch ich musste einfach weiterfahren. Schließlich bog ich in die vereiste Zufahrt unseres Hauses ein. Ich rutschte noch ein wenig, aber ich hatte es sicher nach Hause geschafft. Meine Hände zitterten und mein Herz schlug wie wild, aber ich war begeistert darüber, dass ich mich dieser Herausforderung gestellt hatte. Ich fühlte mich großartig und dankte meinem Engel. Später fand ich heraus, dass ich sogar mit Sommerreifen gefahren war...«
(von Dagmar Walker, Schweiz)

Hilfe in Hülle und Fülle von Zadkiel

Katalyn hatte mich gefragt, wie sie darum bitten könne von den Engeln Hilfe in Hülle und Fülle zu erhalten, um ihre Nervosität vor Bewerbungsgesprächen zu bekämpfen. Ich riet ihr, Zadkiel, den Engel der Fülle, der Weisheit und des Erfolgs anzurufen. Ich gab ihr den Text von Seite 54.

Sie antwortete eine Weile später:
»Ich hatte vor kurzem ein Bewerbungsgespräch und machte mir Sorgen, weil ich so nervös war. Eine Freundin gab mir einen Lapislazuli-Stein und den hielt ich auf meinem Weg dorthin fest in der Hand, während ich die Anrufung Zadkiels wiederholte, die Sie mir geschrieben haben. Als ich in dem Gebäude war, musste ich noch eine Viertelstunde warten und ich war so nervös, dass ich ständig Ihre Worte wiederholte. Kurz bevor ich hinein gebeten wurde, spürte ich plötzlich, dass jemand eine warme Decke über meinen Körper breitete und ich war nicht mehr nervös. Der Stein in meiner Hand war warm. Ich hatte wirklich das Gefühl, dass jemand oder etwas bei mir war. Ein angenehmes Gefühl breitete sich in meinem Körper aus – sogar mein Herz war warm. Ich fühlte mich, als könnte ich Berge versetzen.«
(von Katalyn Feijens, Belgien)

Höre intuitiv auf dein Herz, um den richtigen Fokus für dein Leben oder deine Arbeit zu finden.

Cambiel, Engel des Wassermanns

Wie der Wasserträger bringe ich das silberblaue Wasser des Lebens, um den Gral deines Herzens zu heilen, damit deine inneren Gefühle wachsen und sich zu ihrem vollen Potenzial entwickeln können. Achte insbesondere auf deine Intuition und folge jetzt deinem Herzen. Wenn das weiße Feuer des Blitzes durch den Himmel zuckt, manifestiert sich die Kraft der Luft und des Feuers durch mich, um den Funken deiner visionären Inspiration anzufachen. Finde in meiner Zeit des Jahres den richtigen Fokus für dein Leben und arbeite daran, deine Vision aufrechtzuerhalten. Hat dich das Leben verletzt, so bitte mich um Hilfe. Ich fordere dich auf: Bleib dir und deinen Idealen in Worten und Taten treu. Sei mitfühlend mit anderen, denn in dieser schwierigen Welt sind deine Fähigkeiten höchst kostbar.

Herrscher des Luftzeichens Wassermann ist Uranus, der Planet der Kreativität und Transformation. Der Engel, der Uranus regiert, ist Uriel.

Es ist noch früh im Jahr, doch die Zeit kann an dir vorüber gehen. Wenn du auf Veränderung oder Transformation ausgerichtet bist, rät dir Cambiel, auf dein inneres Selbst zu hören, und was deine wahren Ziele und Herzenswünsche betrifft, deiner Intuition zu folgen. Uriel bietet dir an, dein schöpferisches Zentrum zu öffnen, damit diese hervortreten können. Andere Engel inspirieren und unterstützen dich während dieser Chance, einen neuen Fokus zu finden, der mit deinen persönlichen Idealen im Einklang ist, dein Selbstvertrauen stärkt und in gewisser Weise auch anderen dient.

Die entsprechenden Eigenschaften und Fähigkeiten sind in Cambiels Kapitel beschrieben. Vielleicht sind sie bei dir im Gleichgewicht, aber vielleicht brauchst du dabei auch etwas Unterstützung. Wenn dem so ist, kann dir dieses Kapitel helfen.

Persönliche Qualitäten des Zeichens Wassermann und des Engels Cambiel:

Erkennen, wonach man wirklich strebt, Prinzipien, Ideale, Integrität, Einfühlungsvermögen.

Die Engel der Elemente bieten dir diese Stärken der Luft:

Visionäre Inspiration und Intuition, energetisches Heilen mit Aromaölen.

Uriel, der Engel des Uranus, bewirkt:

Schöpferische Energie für Selbsttransformation oder einen neuen Anfang, Reinigung, Läuterung, Wiederbelebung eines heiligen Bereichs.

Du kannst auf einfache Art und Weise mit einem dieser Themen beginnen, indem du Cambiel um Hilfe bittest.

Zuerst such dir aus, was für dich vorrangig ist, wähle entsprechend einen der Begriffe von Seite 39 und füge ihn in eine Anrufung ein: *»Cambiel, Cambiel, Cambiel, bitte hilf mir bei … (füge den Begriff ein, den du gewählt hast, z. B. meinen wahren Zielen). In Liebe und Licht, Liebe und Licht, Liebe und Licht.«*

Wenn du diese Anrufung zum ersten Mal machst, schließ deine Augen (das Sehen ist der stärkste Sinn) und streck deine Hände vor dir aus, um Cambiels Antwort auf deine Bitte zu spüren.

Wenn du diese Anrufung öfter machst (oder auch andere Engel anrufst), wird deine Verbindung zu den Engeln stärker werden und du wirst allmählich mehr von ihrer Energie spüren.

Jeder Engel reagiert auf eine etwas andere Weise, daran kannst du spüren, welcher es ist.

Übe fleißig – je öfter du es tust, desto leichter wird es.
Denke auch daran, den Engeln für ihr Kommen zu danken.

Du kannst deinen positiven Fokus auch durch eine Affirmation stärken (Vorschläge dafür auf S. 44 oder suche dir eigene). Wiederhole diese so oft du kannst, (zum Beispiel täglich), bis du spürst, dass sich die Dinge verändern.

Wassermann ist ein Luftzeichen, deshalb bietet dir Zikiel, der Engel der Kometen und Meteore, einen visionären Blitz der Inspiration aus dem Himmel.

Zikiels Botschaft:
Ich führe die Kometen und Meteoriten auf ihren ewigen Bahnen durchs Weltall und erzähle von den galaktischen Ursprüngen des Menschen. Ein Wirbel hellen, kosmischen Staubs zeugt von meinem Weg, und während ich vorbeiziehe, kann ich dir die plötzliche, leuchtende Inspiration schenken, die du brauchst, um in deinem Leben einen Quantensprung zu machen. Programmiere einen Kristall mit meinem Namen und behalte ihn bei dir, bis du deine Einsicht erhältst. Bitte mich auch, dein Herz zu führen, damit du weißt, dass dies die richtige Erkenntnis für dich ist.

Programmiere einen Inspirations-Kristall. Wähle einen klaren Bergkristall aus und halte ihn in deiner linken Hand. Lies Zikiels Botschaft und halte ihn dann in beiden Händen, während du Zikiel bittest, dir zu helfen, Herzenergie in deinen Kristall zu atmen, um seine Programmierung mit Liebe zu versiegeln. Trag ihn in deiner Tasche oder leg ihn unter dein Kissen, bis du das Gefühl hast, dass du die Einsicht erhalten hast. Wenn es sich in deinem Herzen richtig anfühlt, dann handle entsprechend.

Probiere eine von diesen beiden positiven Affirmationen mit Cambiel.

Um durch eine intuitive Vision die neue Ausrichtung zu finden: *»Cambiel, ich muss meine Ausrichtung neu beleben. Mit deiner Hilfe werde ich klarer sehen, wohin ich im Leben gehen will. Danke, dass du mir verstehen hilfst, dass ich in mir die intuitive Fähigkeit habe, eine Vision und einen Fokus zu finden, damit ich von Hoffnung erfüllt wieder vorwärts gehen kann.«*

Für die Treue zu deinen Idealen und Prinzipien: *»Cambiel, ich wende mich von Kompromissen ab, um meinen Prinzipien treu zu bleiben. Mit deiner liebevollen Hilfe werde ich die Kraft und das Gleichgewicht finden, um mein Selbstvertrauen aufzubauen und meiner persönlichen Wahrheit aufrichtig und mit Integrität zu folgen.«*

Die Farben dieses Kapitels dienen der Ambition, der Intuition, der Kreativität und dem Einfühlungsvermögen – nutze sie, damit sie dir bei Wassermann-Themen hilft.

Das Tragen oder Benutzen von Wassermannfarben. Wenn du die entsprechenden Farben trägst, erinnert es dich daran, was du mit Hilfe der Engel in diesem Monat erreichen willst. Die Farben des Wassermanns sind Meergrün, Blau, Silber und Bernstein.

Bernstein entzündet die Kreativität, mit der man sich selbst oder Situationen erneuern/transformieren kann.

Silber fördert die Intuition. Silber (Mondenergie mit Gabriel) dient der Intuition und dem Ausgleich der Energien. Es öffnet das Herz für andere, um mehr Einfühlungsvermögen und Verständnis zu entwickeln.

Blau und Blaugrün unterstützen die Weisheit, das Einfühlungsvermögen in der Kommunikation und die Gelassenheit. Es gibt unter den Engelfarben mehr Schattierungen von Blau als von anderen Farben. Zum Wassermann gehört das tiefe Blau der Weisheit, mit der Prinzipien und Ideale aufrechterhalten werden können. Himmelblau erhöht die Effektivität der Kommunikation mit anderen und die Wahrhaftigkeit sich selbst gegenüber. Blaugrün heilt und beruhigt auch bei emotionalen Problemen, die die Weiterentwicklung behindern.

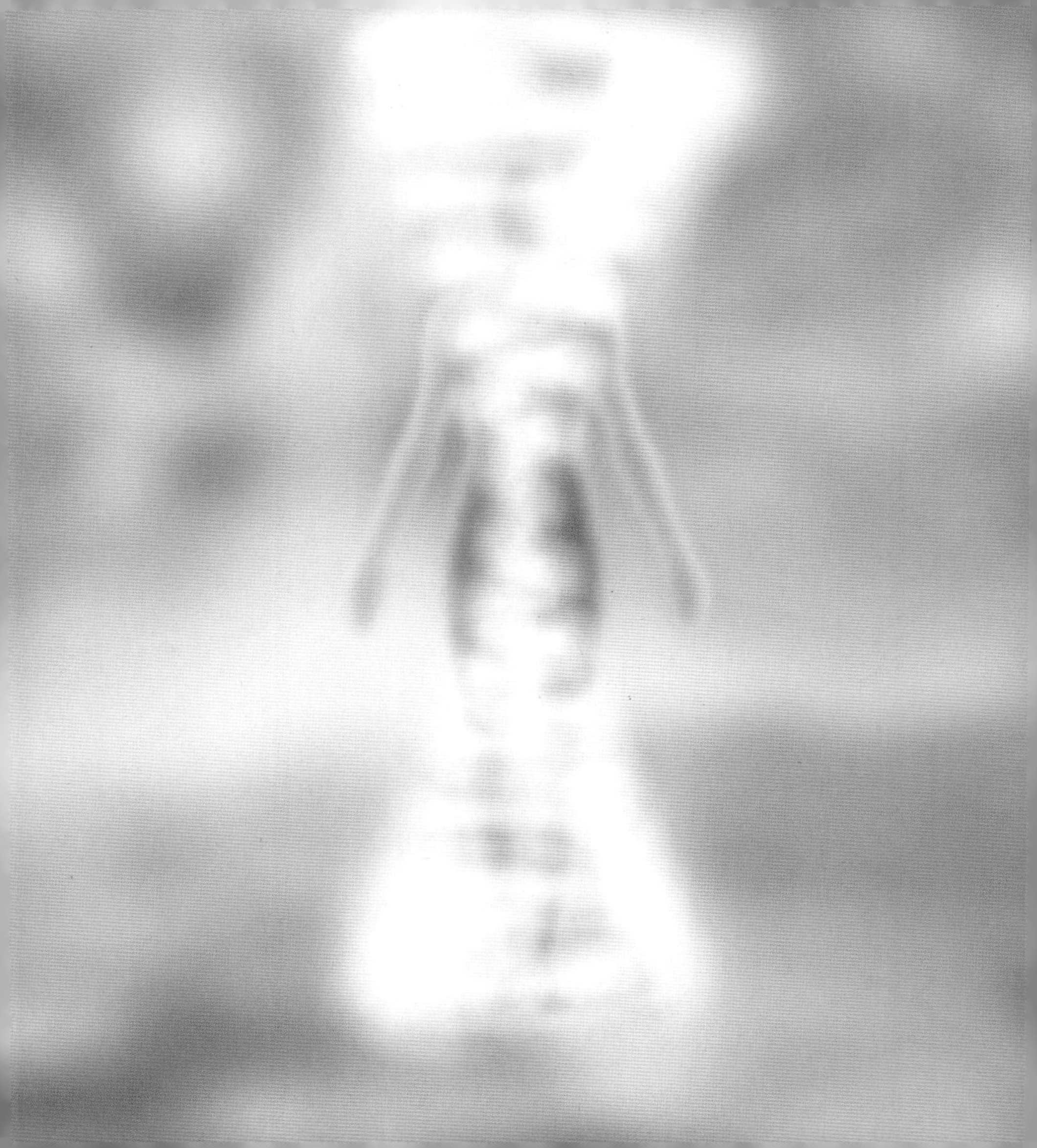

Willst du deine Intuition stärken, so denke an Silber. Probiere mit Gabriel, dem Engel des Mondes, silberne Energie zu atmen. Die Energie wird noch verstärkt, wenn du diese Übung im Mondlicht machen kannst. Vollmond ist am besten.

- Schließ deine Augen, beginne, tief reines, weißes Licht einzuatmen und alle negativen Gefühle auszuatmen, bis du dich entspannt fühlst.
- Dann ruf Gabriel mit den Worten: »*Gabriel, Gabriel, Gabriel, hilf mir, die Kraft des Silbers in mein offenes Herz zu atmen, um meine Intuition zu entwickeln und zu leiten. In Liebe und Licht, Liebe und Licht, Liebe und Licht.*«
- Stelle dir vor, dass du eine silberne Energiespirale hochatmen kannst, die sich im Uhrzeigersinn aus der Erde empor dreht.
- Der silberne Energiestrahl fließt durch dein Steißbein bis zu deinem Herzen und erfüllt es mit Silber, um deine weibliche (intuitive) Energie auszugleichen.
- Während du weiter Silber atmest, dreht er sich von deinem Herzen weiter aufwärts durch dein Kronenchakra.
- Sende ihn zum Mond, um die Quelle deiner Intuition zu verankern und die Verbindung aufrechtzuerhalten. Denke daran, den Engeln für ihre Hilfe zu danken.
- Führe diese Übung so oft wie nötig durch, um deine Intuition stärker zu entwickeln.

Wassermann ist ein Luftzeichen; das Werkzeug der Natur, um den Fokus auf die Inspiration zu richten.

Eine Botschaft von Achaiah, dem Engel der Naturgeheimnisse:
Ich bin der Engel der Anmut der Natur – eingeweiht in ihre Geheimnisse der Farben, Düfte und Formen. Mein ist die Schönheit der Schmetterlinge und Bienen auf sonnenbeschienenen Wiesen, der zarten Blütenblätter, der spiraligen Symmetrie eines Schneckenhauses. In diesem Monat des Luftzeichens bitte ich dich, daran zu erinnern, dass weder Mensch noch Blume oder Schmetterling ohne Luft gedeihen können.

Pflanzen, Bäume und Blumen für Cambiel und Wassermann.
Alle Arten von Früchten und Obstbäumen gehören zu diesem Zeichen, darunter der Apfel, die Birne und der Holunder. Orchideen stehen dem Wassermann besonders nahe, aber alle blauen oder blaugrünen Blüten sind passend. Stell dir ein paar davon zusammen, um dich daran zu erinnern, die Engel anzurufen oder die von dir gewählten Affirmationen zu wiederholen. Bitte Achaiah, dich zu inspirieren, indem du sagst: *»Achaiah, Achaiah, Achaiah, hilf mir mit der Schönheit deiner Blumen, mich auf die visionäre Inspiration zu fokussieren, die ich zu meinem höchsten Wohle brauche. In Liebe und Licht, Liebe und Licht, Liebe und Licht.«*

Öle und Essenzen. Besonders für die Übungen dieses Kapitels kannst du zusätzliche Energie gewinnen, indem du den Raum mit entsprechenden Düften erfüllst, schließlich ist der Wassermann ein Luftzeichen. Verwende dazu die Öle der Orchideen sowie der Früchte und Bäume, die auf der vorherigen Seite aufgelistet sind. Rose und Jasmin sind immer gut, weil sie der Engelsschwingung nahe stehen und dir alle Engel zu Hilfe rufen. Gib zwei bis drei Tropfen Aromaöl in eine kleine Wasserschale oder tupfe etwas auf deine Handgelenke.

Federn und Luft. Federn stehen mit den Engeln in Verbindung und repräsentieren auch das Luftelement. Weiße Federn sind ein Zeichen der Engel, dass du nach innerem Frieden streben solltest. Halte am Wegesrand Ausschau nach kleinen weißen Federn und sammle alle, die du findest. Du kannst sie auch um einen kleinen Spiegel stecken, um ihre Luft- und Inspirationsenergie zu verstärken.
Beachte die Geschichten aus dem Leben auf den Seiten 83, 226 und 227.

Arad, ein silberner Engel, unterstützt dein Selbstbewusstsein, deine Ideale und deine Prinzipien.

Arad, der Schutzengel der Überzeugungen, hat diese Botschaft für dich: *Brauchst du eine Bestätigung, dass du wirklich das bist, was du glaubst zu sein? Bitte mich mit meiner mächtigen silbernen Energie deine Seele zu erfüllen, denn dies ist der individuelle, essentielle Kern von dir, der dich zu der Person macht, die du wirklich bist, und deiner Persönlichkeit Glanz verleiht. Wenn dein Selbstvertrauen geprüft wird, rufe mich zu Hilfe. Ich erfülle dein Herz mit der Macht der bedingungslosen Liebe, um dein wahres Selbst zu schützen und die Reinheit deiner Prinzipien und Ideale zu erhalten.*

Um Arad um Hilfe zu rufen: *»Arad, Arad, Arad, ich bitte dich, sei bei mir und unterstütze mein Selbstvertrauen, damit ich aufrecht bleibe gegen jene, die es untergraben wollen. Mit deiner Liebe kann ich meinen Idealen treu bleiben und meinen Prinzipien getreu leben. In Liebe und Licht, Liebe und Licht, Liebe und Licht.«*

Rikbiel ist ein goldener Engel des Einfühlungsvermögens, besonders in Beziehungen.

Rikbiel, der Engel der Macht der Liebe, spricht:
Ich steuere den aus goldenen Sonnenstrahlen bestehenden Lichtwagen des Schöpfers, der mit Liebesgeschwindigkeit fährt und alle Probleme löst und heilt. Was oder wo auch immer sie sein mögen, sei gewiss, dass die Liebe einen Weg findet.

Um Rikbiel anzurufen sprich: *»Rikbiel, Rikbiel, Rikbiel, ich bitte um deine Führung, denn ich weiß, mit dieser reinen, positiven Energie, mit der Macht der Liebe – mag es auch etwas dauern – ist alles möglich. Ich weiß, dass Probleme gelöst werden können. In Liebe und Licht, Liebe und Licht, Liebe und Licht.«*

Wenn du diese Invokation verwendest, übe dich etwas in Geduld, denn vielleicht müssen die Dinge erst in Bewegung gesetzt werden. Die Engel bitten dich zu bedenken, dass sich Probleme nicht wie von Zauberhand auflösen und die Lösung manchmal etwas dauern kann.

Wiewohl Wassermann ein Luftzeichen ist, ist er der Träger des Wassers vom Brunnen des Lebens. Wenn du es in dein Herz fließen lässt, erblüht die Blume deiner Herzenssehnsucht.

Wenn du deinem Herzen folgen möchtest, sagt Pagiel, der Engel der Herzenswünsche:
Meine liebevolle Energie fließt wie ein heller Strom um dich. Lass dich von diesem Strom vorwärts tragen, voller Vertrauen und Hingabe. Sachte bringt er dich deinen Zielen näher. Mit meiner Hilfe fließen die Wasser des Lebens in den Kelch deines Herzens und so öffnet sich die Blume in deinem Herzen. Im Mittelpunkt dieser Blume helfe ich dir, deinen wahren Herzenswunsch zu erkennen.

Anrufung von Pagiel: *»Pagiel, Pagiel, Pagiel, unterstütze mich mit deiner Energie darin, meinen Fokus aufrechtzuerhalten, während ich erste Schritte auf mein Ziel hin unternehme, der Sehnsucht meines Herzens zu folgen. In Liebe und Licht, Liebe und Licht, Liebe und Licht.«*

Herzenswünsche? Pagiel schlägt vor, dass du ab und zu überprüfst, ob das, worauf deine Energie fokussiert ist, wirklich immer noch dein Herzenswunsch ist.

Hilfe der Engel, sich auf angestrebte Ziele auszurichten.

Für ein schwieriges Gespräch oder eine Bewerbung um Hilfe bitten. Steht dir ein Gespräch bevor, welches zur Verwirklichung deiner Wünsche führen könnte, so rufe vorher Zadkiel, um dir Erfolg zu bringen: *»Zadkiel, Zadkiel, Zadkiel, bitte sei bei mir und bringe mir Erfolg, wenn es zu meinem höchsten Wohle ist, höchsten Wohle, höchsten Wohle.«* Ein Stein des Zadkiel (Türkis oder Lapislazuli) hilft, den Fokus zu halten. Wenn du dann nicht erfolgreich bist, wäre es vielleicht nicht zu deinem höchsten Wohl gewesen. Beachte die wahre Geschichte auf Seite 35.

Brauchst du etwas Leichtigkeit? Rufe Tagas, den Engel der Musik. Tagas spricht:

Ich lasse die himmlische Saite erklingen, die aus der Leere heraus deine Seele mit den Melodien des Lebens harmonieren lässt. Meine silbernen Flügel bringen die Musik der Sterne mit sich, um dir die Macht der Harmonien beizubringen und deine Welt mit Gesang zu bereichern. Nimm dir einen Moment Zeit und singe laut aus purer Lebensfreude. Ein paar Minuten zu singen – und sei es für dich selbst – ist eine hervorragende Therapie.

Kannst du den Fokus nicht halten, weil dein Leben chaotisch ist? Sadriel, der Engel der Ordnung, hilft dir, deinen Tagesablauf, dein Heim oder dein Leben wieder in Ordnung zu bringen. Sprich: *»Sadriel, Sadriel, Sadriel, ich kann nicht erkennen, was zu tun ist, solange mein Leben in solcher Unordnung ist. Bitte hilf mir! In Liebe und Licht, Liebe und Licht, Liebe und Licht.«*

Eth, der Engel der Zeit, kann für dich die Zeit beugen. Sadriel arbeitet oft mit Eth zusammen. Rufe auch Eth zu Hilfe: *»Eth, Eth, Eth, ich bitte um deine Hilfe, aus wichtigem Grund heute die Zeit für mich zu beugen. Ich verspreche, mein Leben in Zukunft besser zu organisieren, zu meinem höchsten Wohle. In Liebe und Licht, Liebe und Licht, Liebe und Licht.«*

Für besonders kreative und erfinderische Energie. Trage etwas Orangefarbenes (dies ist die Farbe der Kreativität, Innovation und Transformation) und bitte Uriel, den Engel des Feuers und des Bernsteins, deine Energie anzufeuern. Du kannst ein Stück Bernstein bei dir tragen (Uriels Stein, der das Feuer von tausend Sonnen enthält) oder, noch besser, die Meditation der folgenden Seiten durchführen.

Der Herrscher des Wassermanns ist Uranus, der Planet der Transformation und Kreativität.

Dies ist eine wundervolle Gelegenheit für dich, mit Uriel, dem Herrscher des Uranus, zu arbeiten. Uriel sagt:

Ich manifestiere auf Mutter Erde auf vielfältige und geheimnisvolle Art. Ich komme in blendenden Blitzen herab und bringe das geheimnisvolle alchemistische Feuer mit mir, welches reinigt und läutert, bevor ich dir die Kraft biete, dein Zentrum der Schöpferkraft, Erfindungsgabe und Transformation neu aufzuladen.

- Setz dich still hin und schließ die Augen.
- Wenn du einen Bernstein hast (Uriels Stein), halte ihn in der linken Hand.
- Atme tief ein und stelle dir vor, dass du die Kraft des Bernsteins einatmest, das orange-gelbe Feuer von tausend Sonnen.
- Sage beim Einatmen innerlich: »Ich atme die Kraft des Orange und des Bernstein ein.«
- Atme zu deinem Sakral-Bereich hin (im unteren Bauch).
- Bitte Uriel mental, dir zu helfen, diesen Bereich zu reinigen und zu läutern.

- Ergänze es mit einer oder allen der folgenden Affirmationen, je nachdem, wie es passt:
»Mit dieser Kraft bin ich in Geist und Körper transformiert.«
»Mit dieser Kraft entfache ich meine kreative Energie.«
»Mit dieser Macht lasse ich meine wahren Bestrebungen zum Vorschein kommen.«
- Danke Uriel für seine Hilfe und bitte ihn, deine Affirmationen mit Liebe und Licht zu versiegeln und auch die Programmierung des Kristalls zu versiegeln, falls du einen benutzt hast.
- Trage den Stein bei dir, bis du fühlst, dass du ihn nicht mehr brauchst.

Mit der Hilfe der Engel durchs Leben reisen

»Ich bin viele Jahre lang alleine als Frau durch die Welt gereist, aber ich habe mich nie einsam gefühlt. Ich bin in vielen wilden, merkwürdigen, verrückten und manchmal furchterregenden Ecken der Erde gewesen und die Engel waren immer an meiner Seite und haben mich geführt. Ich habe in all den verschiedenen Erfahrungen gelernt, dass ich meiner Intuition und der Führung durch die Engel vollkommen vertrauen muss, selbst in Situationen, die unklar und trüb erscheinen und in denen ich keine Ahnung habe, wohin mich das Leben als Nächstes führen wird. Ich weiß, wenn ich vollkommen darauf vertraue, dass alles zu meinem höchsten Wohle ausgehen wird, dann wird es auch so sein. So ist es immer gewesen.

Ich bin auf wilden Bootsfahrten durch Laos gereist, habe verrückte Busfahrten durch die Anden erlebt und bin mitten in der Nacht in einem einfachen Holzboot den Ganges hinunter getrieben. Ich habe in Island im heißen Schlamm gebadet, bin in Nicaragua auf aktiven Vulkanen herumgeklettert, habe in Alaska die Wildnis durchstreift und versunkene Städte in Kolumbien besucht – immer mit den Engeln. In jeder Situation waren sie an meiner Seite. Sie haben mit mir gelacht, wenn es Spaß gemacht hat, und mich unterstützt und getröstet, wenn ich mich unsicher fühlte. Es gab keinen Zeitpunkt, zu dem ihre Liebe und Unterstützung nicht Teil meines Lebens gewesen wären.

Wo immer ich bin, ist es mein tägliches Ritual, die Engel in mein Leben einzuladen und mir vorzustellen, dass ich von Michaels schützendem Mantel umhüllt bin. Wenn ich alleine unterwegs war, vor allem nachts, spürte ich Michaels Präsenz an meiner Seite, wie er mit mir ins Licht ging. Andere Menschen haben schon gemeint, ich ginge mit einem Freund zusammen, es wirkt also wohl, als ginge ich nicht allein. Manchmal glaube ich, die Menschen spüren einfach, dass ich gut geschützt bin und dass Michaels kobaltblauer Mantel mich vor allen möglichen Gefahren schützt.

Ich habe festgestellt, dass die Unterstützung und die Liebe der Engel trostreicher ist als die von Menschen, denn sie sind immer da, zu jeder Zeit, an jedem Ort, unter allen Umständen. Sie sind immer verständnisvoll und hilfsbereit. Ich habe wirklich die Erfahrung gemacht, je mehr ich vertraue und die Engel einlade, ein Teil meines Lebens zu sein, desto erstaunlichere Dinge geschehen in meinem Leben.«

(von Alison Joy Kyle aus Sidney, Australien)

Es ist Zeit, bei deinen Leidenschaften und Verpflichtungen kritischer zu sein.

Barakiel, Engel der Fische

Ich biete dir den sanften silbernen Schutz meiner liebevollen Energie. Du wirst von anderen für deine Intelligenz und Besonnenheit bewundert. Ich hülle dich in meine Liebe, um dich in deiner Sensibilität zu schützen. Du bist leidenschaftlich und mitfühlend und lässt dich oft ganz auf Menschen oder Dinge ein. Du bist zu beachtlicher Kreativität fähig, aber sei achtsam, worauf du dich einlässt – du erreichst mehr, wenn du Urteilskraft beweist. Wird etwas an dich herangetragen, so nimm dir Zeit, um in deinem Herzen zu erwägen, ob dies das Richtige für dich ist. Rufe mich zu Hilfe, um deine Intuition zu stärken, bevor du dich auf eine Verpflichtung einlässt, die du später bereuen könntest. Beruhige deine Gefühle und dein Temperament falls nötig mit der blaugrünen Energie des Wassers. So kehrst du sanft zu Gleichgewicht und innerer Harmonie zurück.

Die Fische, ein Wasserzeichen, werden regiert von Neptun, dem Planeten der Heilung des Herzens und der Emotionen. Neptuns Herrscher ist der Engel Phuel.

Barakiel und die Engel dieses Kapitels sagen dir, dass du diese Zeit nutzen kannst, um all das, was du tust, zu überprüfen. Werde dir klar darüber, welche Menschen und Projekte wirklich deiner Energie wert sind, vor allem, wenn du in der Vergangenheit damit Fehler gemacht hast. Du bist in vieler Hinsicht begabt, aber die Engel bitten dich, dich nicht von anderen ausnutzen zu lassen, denn auch dein Tag hat nur eine begrenzte Anzahl von Stunden. Nutze mit Phuels Hilfe deine Sensibilität in Situationen der Entscheidung und triff dann ruhig, gelassen und klug deine Wahl, denn du kannst viel erreichen.

Gegenüber findest du die Qualitäten, die mit den Engeln dieses Kapitels verbunden sind. Das hilft dir, klar darüber zu werden, welche Fortschritte dein Leben zu diesem Zeitpunkt des Jahres macht. Wenn Eigenschaften dabei sind, bei denen du Hilfe brauchst, kann dieses Kapitel wertvoll für dich sein.

Persönliche Eigenschaften des Zeichens Fische und des Engels Barakiel:

Empfindsamkeit, Sensibilität, Besonnenheit, Unterscheidungsvermögen, kreatives Vorstellungsvermögen und Inspiration.

Die Engel der Elemente bieten dir diese Stärken des Wassers:

Ruhe und Klarheit, wenn du eine Verpflichtung eingehen willst. Den Zauber der Natur für deine mediale Wahrnehmung und Entwicklung.

Phuel, der Engel des Neptun, beeinflusst:

Besänftigung und Heilung jeglicher emotionalen Turbulenzen und Exzesse.

Eine einfache Art mit diesen Themen anzufangen, ist, Barakiel um Hilfe zu bitten.

Werde dir zuerst darüber klar, ob du bei einem der Themen auf Seite 63 Unterstützung brauchst. Hast du zu viel oder zu wenig von einer dieser Eigenschaften? Wenn dem so ist, können die Engel dir helfen, wieder ins Gleichgewicht zu kommen. Wähle dein Thema und formuliere es als eine Invokation:
»Barakiel, Barakiel, Barakiel, bitte hilf mir bei .... (füge den Begriff ein, den du gewählt hast, zum Beispiel meiner Empfindsamkeit). In Liebe und Licht, Liebe und Licht, Liebe und Licht.«

Wenn du diese Anrufung zum ersten Mal machst, schließ deine Augen (um dich besser auf das Fühlen konzentrieren zu können) und halte deine Hände mit den Handflächen nach oben geöffnet vor dich, um die Engelenergie zu spüren, die als Antwort erscheint.

Mach dir keine Sorgen, wenn das zunächst schwierig für dich ist. Versuche, deine Hände zu entspannen und warte ein wenig, nachdem du die Anrufung durchgeführt hast. Spüre sanft in dich hinein. Vielleicht nimmst du einen sanften Druck auf deinen Handflächen wahr, vielleicht ein Kribbeln, vielleicht etwas anderes wie einen kurzen Lichtblitz vor deinem inneren Auge. Du bildest dir das nicht ein.

Wenn du mit den Anrufungen weiter machst, sei es zu diesem oder anderen Engeln, wird deine Verbindung stärker und du wirst die Engelenergie deutlicher spüren.

Diese Übung dient nur als Einstieg. Du wirst allmählich feststellen, dass du nur den Namen eines Engels aussprechen oder denken musst, und schon spürst du seine Energie.

Danke immer den Engeln.

Die Fische sind ein Wasserzeichen. Haurvatat, der Schutzengel der Flüsse, schenkt dir einen Moment der Ruhe und Klarheit, um eine Situation einzuschätzen.

Haurvatats persönliche Botschaft:
Der Fluss des Lebens ist geheimnisvoll; manchmal ist er geschwind und seine starke Strömung trägt dich zu schnell in etwas hinein, doch manchmal lasse ich eine Stille entstehen, in der sich kaum noch etwas bewegt und alles in verblüffender Klarheit vor dir liegt. Nimm dir Zeit mit mir, um dir den Fluss deines Lebens offenbaren zu lassen.

Anrufung für Haurvatat: *»Haurvatat, Haurvatat, Haurvatat, bitte sei bei mir im Fluss meines Lebens und führe mich zu einem Ort der Stille, an dem ich erkennen kann, was als Nächstes vor mir liegt. In Liebe und Licht, Liebe und Licht, Liebe und Licht.«*

Wenn du während dieser Invokation an einem Bach oder Fluss sitzen kannst, bist du noch direkter mit Haurvatats Energie verbunden. Schreib Haurvatats Botschaft auf und lies sie laut vor, während du dem fließenden Wasser lauschst. Dann führe die Anrufung durch. Schließ deine Augen und spüre in dein Herz, was du tun solltest.

Probiere eine dieser drei positiven Affirmationen mit Barakiel.

Für größere Urteilskraft: *»Barakiel, ich danke dir für meine Sensibilität, die mir viel Verständnis und Mitgefühl mit anderen ermöglicht. Mit deiner Unterstützung und deinem Schutz entwickle ich emotionale Stärke und ich bitte um deine Hilfe, um mehr Scharfblick und Intuition in Bezug auf Menschen und Themen zu zeigen.«*

Für stärkere Erdung: *»Barakiel, mit deiner liebevollen Unterstützung und Kraft bringe ich mich herab auf die Erde, um mich zu erden und meine nächsten Schritte zu manifestieren. Mögen meine starken intuitiven Fähigkeiten durch die Kraft der Entscheidung und des Handelns ausgeglichen werden, zu meinem höchsten Wohle.«*

Zur Verwirklichung künstlerischer Talente: *»Barakiel, ich verdiene eine Chance, meine künstlerische Begabung zum Ausdruck kommen zu lassen. Ich werde dieses Talent jetzt sichtbar werden lassen, denn dies ist der Zeitpunkt für mich, etwas Schönes zu erschaffen, was mir selbst und anderen Freude bringt.«*

Dies sind die Farben der Besonnenheit, Ruhe, Vorstellungskraft und medialen Entwicklung.

Die Farben der Fische sind Indigoblau, Blaugrün, Lila und Violett. Das Tragen dieser Farben hilft dir, dich auf die Fische-Themen zu konzentrieren. Der Planet der Fische ist Neptun und Neptun wird von Phuel, dem Fürsten aller Gewässer beherrscht. Dazu gehören auch die Gezeiten und die Kräfte des Mondes – und ihr Einfluss auf deine Stimmungen.

Ruhige Blautöne helfen, die Gedanken zur Ruhe zu bringen. Wenn es dir schwer fällt, deine Gedanken zur Ruhe kommen zu lassen, hilft dir Indigoblau. Mittelblau hilft, das Richtige zur richtigen Zeit zu sagen, vor allem, wenn es um Verpflichtungen geht. Blaugrün besänftigt und heilt empfindliche oder emotional geladene Situationen.

Spirituelles Lila unterstützt die Vorstellungskraft und die mediale Entwicklung. Das Tragen von Malven-Lila fördert die Spiritualität und das tiefere Purpur die Entwicklung magischer und medialer Fähigkeiten. Bedenke jedoch, dass nicht alle medialen Fähigkeiten spirituell eingebunden sind. Achte darauf, dass du die Engel dabei um Führung bittest (siehe Übungen auf Seite 70/71).

Violetter Atem mit Aratron, dem Engel der Magie, zur Heilung des Dritten Auges und zur Verbindung mit dem Zauber der Natur, um eine mediale Fähigkeit zu finden, die zu dir passt.

Schließ deine Augen und beginne, reines weißes Licht tief einzuatmen und beim Ausatmen alle negativen Gefühle loszulassen, bis du dich entspannt fühlst. Dann rufe Aratron auf folgende Weise:

- *»Aratron, Aratron, Aratron, ich bitte dich, bring mir den violetten Strahl der Engelsmagie und Transmutation. In Liebe und Licht, Liebe und Licht, Liebe und Licht.«*
- Stell dir nun vor, dass du dieses Licht einatmen kannst. Jeder Atemzug bringt es tiefer in dich hinein, bis es dein Herz erreicht und erfüllt.
- Wenn du spürst, dass dein Herz die violette Energie aufgenommen hat, lasse sie zu deiner Stirn fließen (dem Dritten Auge), deinem Zentrum für mediale Energie.

- Sprich währenddessen innerlich diese Farb-Affirmation:
  »Aratron, mit der Kraft des Violett transmutiere ich alle Illusionen in mir und erfrische mein inneres Selbst. Unter dem Schutz deiner Liebe nehme ich Kontakt auf mit meiner alten Weisheit über die Magie der Natur. Hilf mir, den Zugang zu finden und den richtigen Lehrer, um dies weiter zu entwickeln, wenn es zu meinem höchsten Wohle ist.«
- Halt inne, um Aratrons Antwort als ein Kribbeln, eine Wärme oder eine Botschaft in deinem Herzen zu spüren.
- Atme die violette Energie aus. Sie bildet allmählich Flügel aus Licht um dich herum.
- Danke Aratron für seine Hilfe und warte auf weitere Anleitungen oder Synchronizitäten.

Weitere Anleitungen von Aratron können darauf hinweisen, dass du die Fähigkeit besitzt, zu deinem eigenen Wohl und dem Wohl der anderen Erdmagie einzusetzen, wie Kristalle, Metalle, Öle, Blumen, energetisches Heilen, schamanische Weisheit oder andere alte Fähigkeiten.

Die Engel der Natur und des Wassers besänftigen empfindsame Gefühle.

Sachluph, der Engel der Pflanzen, spricht:
Ich strahle mit der Schönheit und der Heilung, welche die Pflanzen den Menschen bringen. Das Wasser des Lebens lässt meine Pflanzen wachsen und gedeihen, in Wüsten, Bergen und Dschungeln. Wie meine Pflanzen brauchst auch du das Wasser des Lebens.

Wasserpflanzen und blaue oder violette Blumen für Barakiel und Fische. Bäume und Pflanzen, die im oder nahe am Wasser stehen, sind mit diesem Zeichen verbunden, zum Beispiel Weiden, Seerosen, Schwertlilien, Farne und Binsen. Ein Gebinde aus diesen Pflanzen kann dich daran erinnern, die Engel dieses Monats anzurufen, oder du kannst eine passende Blüte während deiner Meditationen oder Übungen in einer kleinen Schale Wasser schwimmen lassen.

Wasserspiele für emotionale Ruhe. Da die Fische ein Wasserzeichen sind, bietet es sich an, einen Zimmerbrunnen oder ein Wasserspiel einzusetzen. Das sanfte Plätschern des Wassers wird dir bei den Anrufungen sicher helfen.

Schutz der Empfindsamkeit und Heilung alter Verletzungen.

Leidest du an gebrochenem Herzen? Mupiel ist der Engel, der Herzen heilen kann. Setz dich still hin und atme ein paar Mal ganz tief durch. Rufe Mupiel, indem du sprichst: »*Mupiel, Mupiel, Mupiel, bitte bring mir das kühle Blaugrün des Wassers, auf dass es in mich fließe und mein Herz heile, damit es sich wieder der Liebe öffnen kann, zu meinem höchsten Wohle, höchsten Wohle, höchsten Wohle.*« Versuch, die Kraft des Wassers wirklich zu spüren, wie es dein Herz besänftigt und heilt, damit es sich für neue Liebe öffnen kann. Du kannst auch die Meditation mit Phuel machen, die in diesem Kapitel ab Seite 80 beschrieben wird.

Blau heilt und schützt deine Empfindsamkeit. Michael, der Herrscher des Mittwochs, schützt dich und bringt dir Kobaltblau zur emotionalen Stärkung, wenn du sie brauchst. Du kannst Michael jederzeit um Hilfe bitten, indem du sagst: »*Michael, Michael, Michael, bitte sei bei mir, um mir Schutz und Stärke zu geben. In Liebe und Licht, Liebe und Licht, Liebe und Licht.*« Beachte auch die Meditationen auf Seite 152/153. Michael kann dir auch dabei helfen, deine persönliche Wahrheit zu finden.

Die Schönheit der Pflanzen und der Natur hilft der schöpferischen Imagination.

Rufe Sachluph, um allgemein deinen schöpferischen Ausdruck zu unterstützen. Sachluph, der Engel der Pflanzen, kann dich vielleicht künstlerisch inspirieren. Halte eine Fische-Pflanze (siehe Seite 72) und sprich: *»Sachluph, Sachluph, Sachluph, bitte zeige mir, wie die Schönheit, der Duft und die Form deiner Pflanzen meine Imagination inspirieren und meine Seele erfüllen können, damit sich meine eigenen Fähigkeiten manifestieren. In Liebe und Licht, Liebe und Licht, Liebe und Licht.«*

Um dem Ganzen noch mehr Energie zu geben, kannst du das Duftöl oder die Essenz einer der Fische-Pflanzen einsetzen (oder Rose und Jasmin, die alle Engel mögen). Erfülle damit den Raum, während du an Fische-Themen arbeitest oder eine Übung aus diesem Kapitel durchführst.

Wenn du diese Invokation beendet hast, schließ deine Augen und gib deiner Intuition Raum, denn wahre Inspiration stammt aus Herz und Seele.

Für verschiedene Arten der kreativen Inspiration.

Radueriel, der Engel der künstlerischen Inspiration (meist der bildenden Künste), hilft dir, deine inspirierten Gedanken zu manifestieren. Sprich: »*Radueriel, Radueriel, Radueriel, gib mir (oder ich habe empfangen) die schöpferische Inspiration, die ich für meine weitere Arbeit brauche. Bitte hilf mir, sie auf angemessene Weise zum Ausdruck zu bringen, um so vielen Menschen wie möglich zu helfen. In Liebe und Licht, Liebe und Licht, Liebe und Licht.*«

Schreibst du Gedichte oder Prosa? Dann verwende die gleiche Invokation, nur setze statt Radueriel den Namen Israfel ein. Er ist der Engel der Dichtkunst.

Machst du Musik? Verwende die gleiche Invokation, aber wende dich an den Engel der Musik, Tagas, damit deine Musik aus deiner Seele fließt und zur Seele anderer spricht.

Verwende die Farbe Violett mit dem Engel Melchisedek, um extreme Gefühlsschwankungen auszugleichen.

Wenn du in dich hineinsehen könntest, würdest du solch extrem negative Gefühle wie Angst, Kummer, Ärger oder Frustration als dunkle Flecken wahrnehmen. Man nennt die Farbe Violett auch ein spirituelles Desinfektionsmittel. Mit seiner Hilfe kannst du die dunklen Flecken wieder in weißes Licht verwandeln. Wenn du Melchisedek von Herzen bittest, bringt er dir eine unsichtbare (aber sehr wirksame) Schale mit violetten Flammen.

- Um diese erstaunliche Energie anzuwenden, sprich: *»Melchisedek, Melchisedek, Melchisedek, bitte gib mir eine Schale des violetten Feuers der Transmutation. In Liebe und Licht, Liebe und Licht, Liebe und Licht.«*
- Stell dir eine Schale vor, die neben dir steht, in welcher violette Flammen tanzen.
- Bilde aus deinen Händen eine Schale, atme tief ein und hauche in deine Hände hinein, was immer du transmutieren willst.
- Stell dir vor, dass du diese dunkle Energie in den Händen hältst.
- Wirf sie in die unsichtbare Schale. Das Violett transmutiert die dunkle Energie sofort und sie löst sich auf.

Engel, die dir helfen, im Umgang mit anderen Scharfblick zu entwickeln.

Hilfe beim Aussprechen. Michael, der Herrscher des Merkur, ist der Engel der Stärke, des Schutzes und der Wahrheit. Er hilft auch in der Kommunikation. Rufe ihn wie folgt: »*Michael, Michael, Michael, bitte hilf mir mit deiner liebevollen Unterstützung, mit diesem Problem umzugehen, die richtigen Worte zu finden und sie zum richtigen Zeitpunkt auszusprechen, zum höchsten Wohl aller Beteiligten. In Liebe und Licht, Liebe und Licht, Liebe und Licht.*«

Ein Augenblick der Gelassenheit und Zeit zum Nachdenken. Wenn sich alles überstürzt und dir nicht mehr klar ist, was du tun sollst, nützt dir vielleicht ein Moment der Ruhe und Gelassenheit. Cassiel ist der Herrscher des Saturn, des Planeten der Herausforderung. Er zeigt uns, dass das Leben immer Höhen und Tiefen hat. Sprich: »*Cassiel, Cassiel, Cassiel, bitte sei bei mir, um mir einen Moment des Friedens, der Harmonie und der Gelassenheit zu schenken. In Liebe und Licht, Liebe und Licht, Liebe und Licht.*« Lass Cassiels ruhige Energie deinen Geist beruhigen.

Kadmiel ist ein goldener Engel, der dir hilft, auf ausgeglichene Weise Verbindlichkeiten einzugehen.

Wenn deine Imagination überhand nimmt. Vorstellungsvermögen und künstlerische Fähigkeiten sind silberne Qualitäten. Sie sind wundervoll, aber manchmal gehen sie mit der Unfähigkeit einher, die praktischen Dinge des Lebens zu meistern. Wenn das für dich zutrifft, brauchst du vielleicht mehr Gold, um dein Silber auszugleichen, denn das tägliche Leben muss weitergehen.

Ausgeglichene Entscheidungsfindung. Wenn du eine Entscheidung (oder eine Handlung) immer wieder aufschiebst, rät dir Kadmiel, einer der goldenen Engel des glücklichen Schicksals: *Bitte um meine liebevolle Hilfe, indem du meinen Namen dazu verwendest, dich zu erden, deine Energien auszugleichen und dich zu schützen. Meine strahlende Energie umfließt und durchströmt dich, gesandt von der Liebe.*

Wenn du dies jetzt brauchst, kannst du Kadmiels Namen aufschreiben und bei dir tragen, bis du genug goldenes Licht empfangen hast, um die Probleme abzuwägen und die richtige Entscheidung treffen zu können.

Der Planet der Fische ist Neptun. Dieser Monat gibt dir die Chance, die heilende Kraft von Phuel, dem Herrscher des Neptun, einzusetzen und mit seiner Hilfe emotionale Verstimmungen oder Verletzungen wegzuwaschen.

- Du kannst diese Übung durchführen, während du ein Bad nimmst oder schwimmst. Wenn dir das nicht möglich ist, stell es dir vor.
- Setz dich ruhig hin und wende deine Aufmerksamkeit nach innen. Denk an dein Bedürfnis, deine Emotionen zur Ruhe zu bringen. Sprich drei Mal Phuels Namen.
- Wenn du einen Aquamarin hast (einer von Phuels Steinen), halte ihn in deiner linken Hand. Er wird während der Übung mit Heilung programmiert werden.
- Beginne, blaugrüne Energie einzuatmen, tief in deinen Körper hinein.
- Stell dir vor, du gehst durch eine wunderschöne Natur.
- Du kommst an einen Teich mit kristallklarem Wasser, in dem sich der blaue Himmel spiegelt.
- Wisse, dass dein Geist mit der Kraft der Wasserenergie in dieses Wasser hineintauchen und geheilt werden kann, reingewaschen von allen emotionalen Turbulenzen.

- Stell dir vor, du gehst in das Wasser hinein und lässt dich davontragen.
- Wenn du möchtest, kannst du für kurze Zeit Eins werden mit dem Wasser, zu dem Medium werden, in dem die Fische und alle Wasserwesen leben.
- Das Wasser ist sehr still, weich wie Seide und friedvoll.
- Die Sonne scheint bis in seine Tiefe und beleuchtet den Sand auf dem Grund.
- Lass alle Sorgen los, sie werden von der heilenden Kraft des Wassers fortgespült.
- Wenn du dich entspannt fühlst, komm wieder aus dem Wasser (real oder vorgestellt).
- Bitte Phuel, deine emotionale Heilung zu versiegeln und auch die Programmierung deines Steins mit seinen silbernen Strahlen zu vollenden. Danke ihm für seine Hilfe.

Die Macht der Wasserenergie

»Während eines Kurses in Angelas Mysterien-Schule machten wir eine Gruppenmeditation mit dem Engel Melchisedek. Ich visualisierte, dass ich in eine Kugel aus Amethyst hineinging. Meine Hände lagen mit den Handflächen nach oben neben mir, in empfänglicher Haltung, und ich erlebte wundervolle Regenbogenfarben in meinem Dritten Auge. Plötzlich überkam mich ein gewaltiges Gefühl der Ruhe und des Wohlbefindens. Es spülte in vielfarbigen Wellen über mich hinweg, von Rot und Violett bis zu kühleren Farben wie Grün und Blau – die beiden letzten fühlten sich fast wie eine Dusche an. Als ich aus der Meditation zurückkehrte, schaute ich in meine Handflächen. In beiden Händen stand Wasser – es war wirklich da, alle im Kurs konnten es sehen.
Ich weiß jetzt, dass das Wasser der Heilung von Emotionen dient, vor allem des Herzens. Darauf muss ich mich zuerst konzentrieren, bevor meine Arbeit als Heilerin weitergeht. Seit dem Kurs haben sich viele Dinge ereignet: Ein Schlauch spielte verrückt und spritzte mich ganz nass, Wassergläser fielen um, ein Brief kam, um mich über magnetische Wasseraufbereitung zu informieren und ich wurde zu einem Vortrag über die Wasser-Energiemuster in Kornkreisen eingeladen. Ich glaube, die Engel wollen mir sagen, dass ich in meiner Heilarbeit mit der Kraft des Wassers den Menschen helfen kann, ihre Emotionen zu heilen.«
(von Jackie Wheatley, ägyptische Reiki-Heilerin aus London)

Ein überlebensgroßes Zeichen der Gegenwart eines Engels

»Als ich im Buch ›Harmonie der Engel‹ davon gelesen hatte, dass weiße Federn ein Zeichen von den Engeln seien, fing ich sofort an, weiße Federn zu finden. Der skeptische Teil meines Verstands meinte, das seien Zufälle. ›Du suchst sie, weil du die Bestätigung haben möchtest, dass die Engel mit dir Kontakt aufnehmen wollen.‹ Ich wachte jede Nacht um zwei Uhr auf und konnte nicht mehr schlafen. Ich wurde übermüdet und deprimiert. Ich fragte mich, warum ich wohl hier bin, welchen Sinn mein Leben hat und ob ein weiterer Tag überhaupt der Mühe wert sei. Ich fing an, zu beten, denn ich wusste, ich stand in vieler Hinsicht an einem Scheideweg meines Lebens.

Eines Morgens ging ich zur Arbeit und schaute in den wundervoll gefärbten Morgenhimmel. Ich war von dem Lichtspiel ganz bezaubert und bat innerlich: ›Bitte gebt mir ein weiteres Zeichen, dass ihr bei mir seid!‹ In diesem Augenblick bog ein Lastwagen um die Ecke. Er hatte auf seiner Seite einen großen schwarzen Kreis mit einer riesigen weißen Feder, ungefähr so groß wie ich selbst!

Ich traute meinen Augen kaum! In mir stieg eine solche Freude und Wärme auf, dass ich anfing zu lachen. Ich schaute nach oben und sagte: ›Danke, danke, danke!‹ Ich spürte, wie die Engel zu mir sagten: ›Nun, wenn dich das nicht überzeugt, dann wird wohl nichts mehr helfen.‹ Mir fiel nichts mehr dazu ein. Seither geht meine Heilungsreise mit den Engeln beständig vorwärts.«

(von Michelle Esclapez aus London)

Setz dir förderliche Lebensziele, die deinen wahren Wünschen und Bedürfnissen entsprechen.

Machidiel, der Engel des Widders

Mein Zeichen hilft dir, in deiner persönlichen Kraft zu stehen, selbstbewusst und voller Begeisterung für das Leben. Meine Energie hilft deinem Herzen, Entscheidungen zu fällen, aber sei vorsichtig. Du meinst vielleicht, dir über deine Herzenswünsche klar zu sein, aber es könnten Kopfwünsche sein, die dein Herz gar nicht beglücken würden. Nutze die Zeit meines Einflusses, um über deine wahren Wünsche nachzudenken, nicht die, die du vielleicht bislang dafür gehalten hast. Lass mich dir helfen, deine Ziele neu zu formulieren und deine Stärken zu erweitern. Mit der Unterstützung meiner Feuerfarben Rot, Orange und Gold wird die ganze Kraft und Leidenschaft deiner Begeisterung dann langfristigen Nutzen bringen und deinen wahren Lebenssinn verwirklichen helfen.

Widder ist ein Feuerzeichen. Sein Herrscher Mars ist der Planet des Mutes und der Stärkung. Der Engel des Mars ist Camael.

Machidiel und andere Engel meinen, dass du über die Fähigkeit verfügst, beinahe alles zu schaffen, wenn du es versuchst. Doch wenn dein Kopf dazu neigt, über dein Herz zu herrschen, hast du vielleicht viel Energie und Enthusiasmus darauf verwendet, den falschen Zielen nachzujagen, die dich auf lange Sicht nicht glücklich gemacht hätten. Camael verleiht dir den Mut, du selbst zu sein. Zusammen mit anderen Engeln hilft er dir, passendere Ziele zu setzen. Sie stärken dich und dein Selbstvertrauen, um deine vielfältigen Fähigkeiten zuversichtlich für diese neuen Ziele einzusetzen.

Gegenüber findest du eine Liste persönlicher Eigenschaften, die zu deinen Gedanken hierüber passen könnten. Vielleicht fehlt dir dazu nichts, aber wenn du etwas brauchst, sind die Engel immer da, um dich liebevoll zu unterstützen.

Persönliche Qualitäten des Zeichens Widder und des Engels Machidiel:
Zielstrebigkeit, Begeisterung, Bewusstheit, Zutrauen in die eigene Individualität und Originalität.

Die Engel der Elemente bieten dir diese Stärken des Feuers:
Leidenschaftlichkeit für die Liebe und das Leben, Entschiedenheit für Ziele, rechtes Handeln, Loslassen von Wut.

Camael, der Engel des Mars, bewirkt:
Mut und Kraft, deine Ziele zu erreichen.

Eine einfache Art, mit diesen Themen anzufangen, ist, Machidiel um Hilfe zu bitten.

Schau dir die Liste von Eigenschaften und Qualitäten auf Seite 87 an. Brauchst du bei einer oder mehreren davon Hilfe? Wenn ja, setz deine Prioritäten. Machidiel und verschiedene andere Engel in diesem Kapitel bieten dir Unterstützung dabei an, diese Themen zu bearbeiten. Wähle einen der Begriffe aus und füge ihn in eine Anrufung ein: *»Machidiel, Machidiel, Machidiel, bitte hilf mir bei … (setze den Begriff ein, z.B. meiner Zielstrebigkeit). In Liebe und Licht, Liebe und Licht, Liebe und Licht.«*

Wenn du diese Anrufung zum ersten Mal machst, schließ deine Augen (um dich besser auf das Fühlen konzentrieren zu können) und halte deine Hände mit den Handflächen nach oben geöffnet vor dich hin, um zu spüren, wie der Engel auf deine Bitte antwortet.

Vielleicht spürst du viel, vielleicht auch nur ein leichtes Kribbeln, einen kühlen Hauch oder einen leichten Druck auf deinen Fingern, besonders der linken Hand. Wenn du nichts spürst, probiere es einfach weiter mit möglichst entspannten Händen. Rufe einen anderen Engel und schau, wie es mit dem geht.

Übe diese Anrufungen, wo immer du bist, wann immer dir danach ist, bis die Vorstellung mit den Engeln zu reden, dir ganz selbstverständlich wird.

Diese Übung dient nur als Einstieg. Du wirst allmählich feststellen, dass du nur den Namen eines Engels aussprechen oder denken musst, und schon spürst du seine Energie.

Danke den Engeln jedes Mal.

Wenn du dazu neigst, dich auf Abwege zu begeben, kann Zephon, der Engel der Aufmerksamkeit, dich schützen und behüten.

Zephon hat folgende Botschaft für dich:
Ich bin der Engel, dessen Myriaden von goldenen Augen schützend über dich wachen und dessen Wachsamkeit unablässig ist und ewig währt. Meine goldene Energie dient dir als geheimer Schutzschild, während meine Liebe schützend deine Fortschritte überwacht. Bist du jemand, der erst handelt und dann denkt, so bitte mich um Unterstützung, denn meine goldenen Augen der Wachsamkeit sehen alles und verhelfen dir zu größerer Bewusstheit.

Wenn du Zephons Wachsamkeit brauchst, rufe ihn mit den Worten: *»Zephon, Zephon, Zephon, bitte wache über mich mit deinen goldenen Augen und mache mir bewusst, was ich tue*, da ich nur zu meinem höchsten Wohle handeln möchte. In Liebe und Licht, Liebe und Licht, Liebe und Licht.«*

* Du kannst auch einsetzen: *»denn ich fühle, ich brauche deinen Schutz.«*

Wenn du mehr Selbstvertrauen oder Motivation brauchst, kannst du eine positive Affirmation mit Machidiel verwenden. Falls die Worte nicht genau passen, ändere sie nach deinem Empfinden.

Für Selbstvertrauen beim Setzen neuer Ziele: *»Machidiel, ich verdiene eine Chance, meine Ziele zu erreichen, um Zufriedenheit zu erlangen. Mit deiner Hilfe werde ich meine Ziele neu klären, damit sie meinen wahren Bedürfnissen und nicht nur oberflächlichen Wünschen entsprechen, und das nötige Selbstvertrauen entwickeln, um meine Träume zu verwirklichen.«*

Für Begeisterung, Motivation und Zielstrebigkeit: *»Machidiel, ich weiß, ich kann die Begeisterung, Energie und Motivation haben, meine Lebensziele zu erreichen. Mit deiner liebevollen Hilfe werde ich meine Bedürfnisse auf das prüfen, was wirklich zählt. Das wird mein erster Schritt zu wahrem und dauerhaftem Glück sein.«*

Mit den Farben oder Steinen des Widders kannst du die Affirmationen zusätzlich stärken.

Die Farben des Widders fördern Zielstrebigkeit, Begeisterung und Leidenschaftlichkeit.

Hahlii, der Engel der Farben, erzählt uns davon, dass die Farben des Widders feurig sind, von Gold über Bernstein und Orange zu Scharlachrot, Rubinrot und Karminrot. Das Tragen roter Farben fördert die Zielstrebigkeit, das Selbstvertrauen und die Individualität. Sie bringen dir Leidenschaftlichkeit und treiben dich vorwärts. Rot steht auch für Mut und ist eine Farbe Camaels, des Herrschers des Mars (Mars ist der Planet des Widders).

Positives Gold und kreatives, leidenschaftliches Orange. Gold hilft dem Aspekt des Selbst, mit dem du Entscheidungen triffst und im Leben aktiv wirst. Orange ist die Farbe der Leidenschaft, für Sexualität genauso wie für neue Ideen, Innovationen, Kreativität und Transformation des Selbst und des Lebens.

Neue Ziele erträumen. Leg dir einen Stein unter dein Kopfkissen, um Machidiel darin zu unterstützen, dir Träume über deine Lebensziele zu schenken. Gute Steine sind Rubin, Hämatit, Granat, Goldfluss (ein Murano-Glas) oder Karneol.

Raphael bietet dir mit seiner Sonnenenergie Unterstützung. Sie hilft dir, dich für die richtigen Ziele zu entscheiden und entsprechend zu handeln.

- Schließ deine Augen, atme reines weißes Licht tief ein und alle negativen Emotionen aus, bis du dich entspannt fühlst.
- Dann rufe Raphael mit den Worten: *»Raphael, Raphael, Raphael, ich bitte darum, dass die Kraft der Sonne von oben in mich strömt, meine Energie heilt und ausgleicht und meine Entscheidungen stärkt. In Liebe und Licht, Liebe und Licht Liebe und Licht.«*
- Jetzt stell dir vor, wie eine Spirale goldenen Lichts von der Sonne herab in dein Kronenchakra fließt.
- Während diese warme Energie durch deine Energiezentren strömt, heilt und stärkt sie jedes einzelne.
- Atme dieses Licht tief in deinen Körper und sieh, wie es deinen Solarplexus-Bereich energetisiert, wo deine Willenskraft sitzt.
- Während du den Atem anhältst, sprichst du: *»Raphael, bitte hilf mir, mit dieser goldenen Energie meinen besten Weg nach vorne zu finden. Ich möchte mich für Ziele entscheiden, die zu meinem höchsten Wohle sind.«*
- Während du ausatmest, fließt die goldene Spirale weiter durch dich hindurch bis zum Ende deiner Wirbelsäule und von dort in Mutter Erde.
- Dies verleiht dir eine festere Grundlage.
- Danke immer den Engeln für ihre Hilfe.

Widder ist ein Feuerzeichen. Die Engel dieses Elementes bieten uns Instrumente, um unseren Fokus zu unterstützen.

Eine Botschaft von Anahita, dem Engel der Heilpflanzen:
Vor langer Zeit kannten und verstanden die Menschen meine Heilpflanzen und machten aus ihren Blättern und Blüten heilende Tees und Öle. Vergesst in eurem wissenschaftlichen Zeitalter nicht dieses alte Wissen, das immer noch seinen Wert hat. Hol meine Weisheit mit einem meiner Heilmittel in dein Leben, um Körper, Geist und Seele zu beruhigen und zu heilen.

Für Ruhe, wenn du zu viel Energie hast: Anahita rät dir, Pfefferminztee zu trinken, denn Minzen sind Widder-Kräuter. Du kannst auch Minze, Kamille oder Lavendel als Duftöl verwenden.

Pflanzen, Bäume und Blumen zur Erinnerung an Machidiel und Widder. Rote und gelbe Blüten passen dafür. Weißdorn, Fichte, Minze und Distel sind die Pflanzen dieses Zeichens. Fertige dir ein kleines Sträußchen daraus, um dich an die Engel und Themen dieses Monats zu erinnern.

Kerzen, Symbole und Feuerkraft. Da dies ein Feuerzeichen ist, kann dir eine Kerze in diesem Monat helfen, vor allem wenn ein Symbol darauf ist. Wenn du eine Kerze in Rot, Orange oder Gelb hast (auch Weiß passt immer), zeichne das Tierkreiszeichen des Widders darauf (siehe Seite 86/87). Nenne drei Mal Machidiels Namen, während du sie anzündest. Verwende sie während aller Übungen und Rituale dieses Kapitels.

Falls du Mut brauchst, du selbst zu sein. Brauchst du eine kleine Aufmunterung deiner inneren Kraft? Kauf dir eine rote Blume oder ein Accessoire (einen Schal oder ein Schmuckstück). Platziere sie so, dass du sie möglichst viel siehst. Dies wird dich daran erinnern, Camael, den Engel des Mars, in deinem Herzen zu bitten, dir Mut zu schicken und dich zu stärken. Achte auch auf die anderen Übungen für Selbstvertrauen und zur Entfachung deiner Leidenschaft in diesem Kapitel.

Machidiel und Mumiah, die Engel des Wohlbefindens, helfen dir mit positiver Energie und Dynamik bei bestimmten Ereignissen oder Situationen.

Energetisiere deinen Tag. An einem Tag, an dem du ganz besonders strahlend und ausdrucksstark sein möchtest, ruf Mumiah mit folgenden Worten:
»Mumiah, Mumiah, Mumiah, bitte sei während dieses Tages bei mir und verleihe mir die Energie und die Begeisterung, die ich brauche. In Liebe und Licht, Liebe und Licht, Liebe und Licht.«

Fühlst du dich ausgebrannt? Setz dich ruhig hin und bereite dich darauf vor, den Namen Mumiahs, des Engels des Wohlbefindens, drei Mal auszusprechen. Jedes Mal, wenn du ihn aussprichst, atme so tief wie möglich ein und stell dir vor, dass du mit Mumiahs Hilfe prickelnde Energie und Wohlbefinden direkt in deinen Körper atmest. Die Macht der Drei und Mumiahs Name sind sehr wirksam.

Für mehr dynamische Zuversicht. Sprich: *»Machidiel, Machidiel, Machidiel, bitte verleih mir die Kraft und die Dynamik, die ich brauche, um meine wahren Ziele zu erkennen und zu verwirklichen. In Liebe und Licht, Liebe und Licht, Liebe und Licht.«* Wiederhole dies täglich, bis deine Pläne beginnen, Früchte zu tragen.

Die Hilfe der Engel in aufgeheizten Situationen, z. B. wenn du zu zielstrebig oder zu direkt bist.

Wenn du dazu neigst, immer gleich »in die Luft zu gehen«. Phaleg, der Engel des Umgangs mit Ärger, hat diese Botschaft für dich: *Du bist ein Mensch mit kraftvollen Gefühlen, vorwiegend positiven, aber auch manchen negativen. Deine Leidenschaft für das Leben ist stark und bestärkt dich selbst und andere. Wenn sie in deiner Seele brennt, ist sie inspirierend und kann viel erreichen. Doch wenn die gleiche Leidenschaft dich dazu führt, zu starrsinnig zu werden, so dass du keinen Rat mehr annehmen kannst, bitte mich zu deinem eigenen Besten um Hilfe.*

Hilfe von Phaleg. Wenn du Phaleg um Hilfe bitten möchtest, um deine Emotionen in angemessene Bahnen zu lenken, rufe ihn mit den Worten: *»Phaleg, Phaleg, Phaleg, bitte sei bei mir, um meinen Ärger umzuleiten auf eine positive Sache und zu einem guten Ergebnis. In Liebe und Licht, Liebe und Licht, Liebe und Licht.«*

Die Schale der violetten Flamme. Du kannst Ärger und andere negative Emotionen auch mit der wundervollen Schale der violetten Flamme transmutieren. Siehe Seite 77.

Um einen Raum zu reinigen, nachdem harte Worte gefallen sind. Nach einem Streit kannst du den Raum mit einer Anrufung Melchisedeks reinigen: *»Melchisedek, Melchisedek, Melchisedek, bitte reinige diesen Raum mit violettem Feuer. In Liebe und Licht, Liebe und Licht, Liebe und Licht.«* Vielleicht spürst du direkt, wie die Atmosphäre im Raum leichter wird. Vergiss nie, den Engeln zu danken.

Wenn du dich in eine negative Situation begibst. Passe die obige Anrufung an und halte dabei einen kleinen Amethyst in deiner linken Hand: *»Melchisedek, Melchisedek, Melchisedek, bitte hilf mir, diesen Kristall dazu zu verwenden, die negative Atmosphäre, in die ich mich jetzt begebe, zu transmutieren, zu meinem höchsten Wohle, höchsten Wohle, höchsten Wohle.«*

Trage diesen Stein bei dir, bis die Situation vorüber ist. Reinige ihn danach drei Mal unter fließendem kalten Wasser.

Kraft zur Individualität. Wenn du Kraft brauchst, du selbst zu sein, ruf Zeruch, den Arm Gottes, zur Hilfe: *»Zeruch, Zeruch, Zeruch, ich brauche Kraft, um für mich einzustehen und frei ich selbst zu sein. Bitte hilf mir dabei. In Liebe und Licht, Liebe und Licht, Liebe und Licht.«*

Orange ist das Feuer der Leidenschaft, sowohl für die Liebe als auch für die Transformation des Lebens. Die Engel des Feuers bieten dir die Kraft des Orange für deine neuen Lebensziele an.

Nathaniel, ein Engel des Feuers hat folgende Botschaft für dich:
Ich bin das Feuer der Leidenschaft, die, einmal entfacht, mit reiner goldener Flamme in dir brennt. Dieses alchemistische Feuer verhilft dir zu innerer Transformation. Mit meiner Hilfe kannst du wie der Phönix aus der heiligen Flamme triumphierend aus deinem inneren Feuer hervorgehen und dich furchtlos neuen Herausforderungen oder Lebenshorizonten stellen.

Um die sexuelle Leidenschaft wieder zu entfachen:
»Nathaniel, Nathaniel, Nathaniel, bitte bring das Feuer der sexuellen Leidenschaft wieder in mein Leben zurück und hilf mir, es weise und mit tiefer Liebe einzusetzen, zum höchsten Wohle, höchsten Wohle, höchsten Wohle.« Sprich dies zu dem Zeitpunkt, wo du die Leidenschaft brauchst.

Um sich neuen Herausforderungen mit Leidenschaft zu stellen:
»Nathaniel, Nathaniel, Nathaniel, lass die Kraft deines Feuers mich mit neuer Leidenschaft erfüllen, um mich in meinem Leben neuen Herausforderungen zu stellen und mein wahres Lebensziel zu erreichen. In Liebe und Licht, Liebe und Licht, Liebe und Licht.«

Camael, der Herrscher des Mars, lädt dich ein, diese Übung auszuprobieren. Zu der Botschaft dieses Monats gehört, ›Rot‹ zu denken, die intensive Farbe der Rubine. Diese Farbe bringt dir den Mut, die Energie und das Selbstvertrauen, um neue Ziele zu erreichen.

- Schließ deine Augen, beginn tief reine, weiße Energie einzuatmen und alle Frustrationen auszuatmen, bis du anfängst, dich zu entspannen.
- Stell dir vor, dass sich in dir, am unteren Ende deiner Wirbelsäule, eine rote Blütenknospe befindet. Wenn sich diese Knospe öffnet, wird sie Licht ausstrahlen. Rufe Camael mit den Worten: *»Camael, Camael, Camael, bitte bring mir die Kraft des Rot, um Energie und Selbstvertrauen in mir aufzubauen, damit ich meine Ziele erreiche. In Liebe und Licht, Liebe und Licht, Liebe und Licht.«*
- Stell dir vor, dass Camael dir von oben tief rubinrotes Licht in dein Kronenchakra gießt.

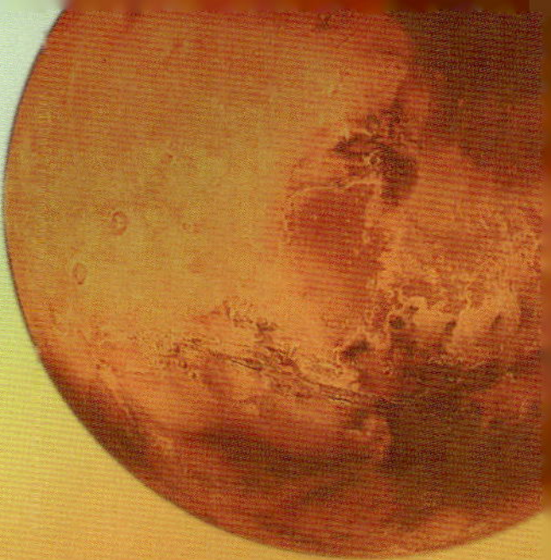

- Während du einatmest, fließt dieses Licht nach unten bis zu der Knospe am Ende deiner Wirbelsäule. Sie öffnet sich und strahlt rubinrotes Licht aus.
- Von dieser Blüte aus strahlt das Licht durch deinen ganzen Körper. Es stärkt dein Gefühl von Kraft und Vitalität und gibt dir Sicherheit.
- Beim Ausatmen erzeugt das rubinrote Licht eine flügelförmige Aura um dich herum, die dich mit neuer Entschlusskraft erfüllt. Bitte Camael, diese Entschlusskraft in dir zu verankern und danke ihm für seine Hilfe.

Übrigens: Du kannst das Rot auch bitten, dir das Gefühl der Vergebung zu ermöglichen, wenn du das zum Erreichen deiner Ziele brauchst.

Camaels Rot tragen, um Selbstvertrauen zu haben

Mein Sohn, ein Widder, machte vor kurzem seine Fahrprüfung. Er musste die Prüfung wiederholen und war ziemlich nervös. Er brauchte Selbstvertrauen, denn sein Vater hatte die Prüfung gleich beim ersten Mal bestanden und seine Schwester und ich beim zweiten Mal – er wollte nicht der Einzige in der Familie sein, der sie ein zweites Mal wiederholen musste. Das Ganze war also eine große Sache für ihn.

Die Prüfung sollte am Dienstagvormittag stattfinden, am Tag des Camael und der Farbe Rot für Ermutigung und Kraft. Ich rief meinen Sohn am Abend vorher an und riet ihm, etwas Rotes anzuziehen. Ich versprach ihm, am Dienstagmorgen für ihn zu meditieren und Camael (den Herrscher des Dienstags), Machidiel (für Selbstvertrauen, Energie und Begeisterung) sowie Rikbiel (für den Triumph der Liebe) anzurufen. Natürlich bat ich alle Engel um Beistand, falls das zu seinem höchsten Wohle sei (das ist sehr wichtig, denn vielleicht dient es nicht seinem höchsten Wohl, die Prüfung an diesem Tag zu bestehen). Er rief uns hinterher jubelnd an. Er hatte etwas Rotes angezogen und sich selbstbewusst und mutig gefühlt. Und er hatte die Prüfung tatsächlich bestanden.

Ich verwendete folgende Invokation:

»Camael, Camael, Camael, bitte sei heute an deinem Tag bei meinem Sohn und verleih ihm den Mut und die Kraft, diese Prüfung zu bestehen, wenn es seinem höchsten Wohle dient. In Liebe und Licht, Liebe und Licht, Liebe und Licht.«

Die erstaunlichen Kräfte Rochels

Als meine Tochter Fleur die Universität abgeschlossen hatte, brauchte sie dringend Geld und suchte so schnell wie möglich eine Arbeit. Ihr wurde für zwei Tage Arbeit in London angeboten, aber sie konnte sich die Fahrkarte nicht leisten. Also kaufte ihr Vater ihr ein Ticket. Am Abend ging sie mit Freunden aus. Am nächsten Morgen konnte sie ihre Fahrkarte nicht mehr finden. Sie suchte überall und weinte. Ich sagte, sie müsse eben eine zweite Karte kaufen und dass ich Rochel um Hilfe bitten würde. Das tat ich dann auch und suchte noch einmal Fleurs Zimmer und das ganze Haus ab, doch ohne Erfolg.

Am Nachmittag entschied ich mich spontan, zu den Läden zu gehen und frisches Brot zu kaufen. Dabei ging ich an einem Bereich vorbei, wo normalerweise die Autos der Kunden am Gehsteig parken. Erstaunlicherweise waren diesmal alle Parkplätze leer und als ich mich der Straßenecke näherte, sah ich eine Fahrkarte im Rinnstein liegen. Es war Fleurs Ticket! Hätten dort Autos geparkt, hätte ich es nicht gesehen. Hätte es geregnet, wäre es fortgeschwemmt worden. Aber so konnte ich die Karte aufheben und am Bahnhof erstatten lassen, was nur an diesem Tag möglich war. Abends konnte ich Fleur dann das Geld wieder geben, so dass sie sich eine neue kaufen konnte. Danke, Rochel!

Über die Arten, wie Rochel helfen kann, siehe Seite 233-236.

April/Mai

Vereinfache dein Leben, indem du lernst, jeweils zur rechten Zeit festzuhalten beziehungsweise loszulassen.

Tual, der Engel des Stiers

Meine Schwingen von Liebe und Licht sind erfüllt mit der Stärke und Geduld meines Zeichens. Ich verkünde dein Wiedererwachen, denn meine positive Energie bringt dich dazu, dein Leben zu überdenken und zu vereinfachen. Als Erstes bringe ich dir größere Stabilität, um deine Wurzeln und deine Basis in Mutter Erde zu stärken. Darauf kannst du sicher aufbauen. Als Nächstes geht es um deinen Besitz – was brauchst du wirklich, was kannst du loslassen? Belaste dich nicht zu sehr, das behindert die Expansion von Körper, Geist und Seele. Denk welche Freiheit du gewinnst, wenn du etwas loslässt oder manchmal Nein sagst. Das gibt dir Zeit, mein Grün und Rosa, die Farben der Macht des Herzens, in dich fließen zu lassen. Damit kannst du dich in Ruhe auf das konzentrieren, was für deine Zukunft wesentlich ist.

Stier, ein Erdzeichen wird von Venus regiert, dem Planeten der Liebe und der Schönheit. Der Herrscher der Venus ist der Engel Haniel.

Tual und die anderen Engel meinen, dass du trotz deiner Stärke, deiner Fähigkeiten und Fürsorge dir manchmal vielleicht etwas zu viel zumutest oder zu viele Dinge kontrollieren möchtest. Dies bedrückt dich. Egal ob es um Menschen, Belastungen, Besitz oder innere Haltungen geht, die Frage ist, ob du zu deinem eigenen Wohl Nein sagen oder loslassen kannst. Die Engel dieses Kapitels drängen dich, dir alles ruhig zu überlegen, Bestandsaufnahme zu machen und ein paar große Entscheidungen anzugehen. Haniel sagt, dass die Liebe alle Probleme lösen und heilen kann und dass innerer Frieden die Antwort ist.

Auf der gegenüberliegenden Seite findest du verschiedene Begriffe, mit deren Hilfe du deine Bitten an die Engel formulieren kannst. Wenn eines dieser Worte in dir auf Resonanz stößt, lies weiter, denn die Engel dieses Kapitels können dir helfen.

Persönliche Qualitäten des Zeichens Stier und des Engels Tual:

Geduld, Ruhe, Tüchtigkeit
Stabilität, Sicherheit, Verantwortung.

Die Engel der Elemente bieten dir diese Stärken der Erde:

Das Nähren deiner Wurzeln für starke Grundlagen. Frieden lernen durch den Zauber der Natur.

Haniel, der Engel der Venus, beeinflusst:

Liebe und Freude in Beziehungen.
Die Fähigkeit genug zu lieben, um Nein zu sagen oder loszulassen.

Eine Anrufung, um mit Tuals Hilfe eines dieser Themen anzugehen.

Wenn Begriffe der Liste auf Seite 111 mit einem Thema zu tun haben, welches in deinem Leben zurzeit präsent ist, entscheide dich für eine Qualität, für die du die Unterstützung der Engel erbitten möchtest.Dies kannst du nun in eine Invokation verwandeln: *»Tual, Tual, Tual, bitte hilf mir bei … (füge den Begriff ein, den du ausgesucht hast, z.B. meiner Geduld). In Liebe und Licht, Liebe und Licht, Liebe und Licht.«*

Wenn du diese Anrufung zum ersten Mal machst, schließ deine Augen (um dich besser auf das Fühlen konzentrieren zu können) und halte deine Hände mit den Handflächen nach oben geöffnet vor dich hin, um zu spüren, wie die Engel auf deine Bitte antworten. Auf der nächsten Seite sind verschiedene Möglichkeiten beschrieben, wie die Engel ihre Präsenz zeigen.

Vielleicht entwickelt sich bei dir jedoch eine ganz eigene Art der Wahrnehmung ihrer tröstlichen Energie.

Deine Empfindung unterscheidet sich wahrscheinlich je nachdem, welchen Engel du gerufen hast. Wenn du auf diese Weise Tual anrufst, kannst du Tuals Energie wahrnehmen.

Meistens ist es ein Gefühl der Wärme, ein sanfter Druck oder ein Kribbeln, am Anfang häufig mehr in der linken Hand als in der rechten, da die linke Hand in Bezug auf Energie als die empfänglichere gilt.

Lerne die Anrufung auswendig und wiederhole sie. Übe, auch mit anderen Engeln aus diesem Kapitel zu kommunizieren und ihre Signatur zu erkennen. Lerne sie zu unterscheiden. Beginne, die Engel in jeden Tag deines Leben einzubeziehen und danke ihnen, dass sie auf dein Rufen hin kommen.

In diesem Erdzeichen-Monat kommt Aratron, der Engel des Zaubers der Natur, und unterstützt dich dabei, Geduld und innere Gelassenheit zu haben.

Aratron sendet dir folgende Botschaft:
Sieh mein Geheimnis in den Sternen des Nachthimmels und ihre Wirkung auf die Menschen. Ich offenbare meine Macht in der Schönheit der silbernen Regentropfen auf einem Spinnennetz, in der Rinde eines Baumes und in dem ergreifenden, rhythmischen Dröhnen der Trommeln. Ist es Zeit, etwas von meinem Zauber in dein Leben zu lassen?

Anrufung Aratrons. Wenn du möchtest, bitte Aratron, dir mehr zu offenbaren, indem du sagst: *»Aratron, Aratron, Aratron, bitte hilf mir, den Zauber der Natur zu finden, der mein Leben durch Geduld, Gelassenheit und inneren Frieden bereichern wird. In Liebe und Licht, Liebe und Licht, Liebe und Licht.«*

Weitere Möglichkeiten, Aratron um Hilfe zu bitten, findest du auf den Seiten 70/71 und 116.

Zusammenarbeit mit dem Zauber der Natur.

Um mehr von Aratron zu erfahren: Setz dich ruhig an einen schönen Ort in der Natur und schließ deine Augen. Sprich innerlich die Invokation von Seite 114 und beobachte, was geschieht. Vielleicht zuckt ein Lichtschein vor deinem inneren Auge auf oder du hörst eine Botschaft. Vielleicht spürst du eine Wärme, ein Kribbeln oder einen Lufthauch. Damit teilt dir Aratron mit, dass der Zauber der Natur eine bedeutende Wirkung auf dein Leben haben könnte.

Wenn du eine Antwort gespürt hast, als du Aratron gerufen hast, bitte diesen Engel auch weiterhin um Rat. Die Synchronizität wird anfangen, dir Gelegenheiten zu bieten, die dir zeigen, welcher Aspekt des Zaubers der Natur hilfreich für dich wäre. Es liegt dann bei dir, ob du diese Gelegenheiten nutzt.

Pflanzen, Bäume und Blumen für Tual und das Zeichen des Stiers. Veilchen, Fingerhut, Rosen und Margeriten sowie Apfel- und Birnbäume und Zypressen stehen mit diesem Zeichen in Verbindung. (Zypresse hilft bei allen Lebensübergängen.) Der Zauber der Natur umfasst auch Blumen, Öle, Bäume, Kristalle, Metalle, Klänge, Heilpflanzen und mehr.

Vorschläge für Affirmationen mit Tual für Stier-Probleme

Um geduldiger und ruhiger oder weniger urteilend zu werden: *»Tual, von nun an werde ich geduldiger und ruhiger mit mir selbst und anderen umgehen. Indem ich mein Urteilen aufgebe, werde ich toleranter und innerlich friedvoller.«*

Um sich nicht zu viel aufzubürden: *»Tual, ich will mich nicht länger mit den Problemen anderer Leute überlasten. Von nun an sende ich ihnen bedingungslose Liebe, um sie darin zu unterstützen, selbst mit ihren Problemen fertig zu werden, und ich weiß, diese Erfahrung wird letztlich zu ihrem höchsten Wohle sein.«*

Um weniger besitzergreifend zu sein: *»Tual, ich weiß, ich habe es zu sehr geliebt, mir Dinge oder Menschen anzueignen und sie zu besitzen. Mit deiner Unterstützung lasse ich dieses Bedürfnis jetzt los und beginne, mein Leben zu vereinfachen.«*

Grün, Rosa und Braun unterstützen Liebe, Freude, Sicherheit und Stabilität.

Stierfarben für diesen Monat. Die wesentlichen Farben bei Themen unter Tuals Führung sind Smaragdgrün, Rosa und Schokoladenbraun. Der Herrscher des Stiers ist der Planet Venus mit den Farben Rosa und Grün.

Smaragdgrün steht für Ruhe. Es heilt deine Emotionen und dein Herz und erlaubt ihm, sich mehr der Liebe zu öffnen und sich von rosa Farben erfüllen zu lassen. Je tiefer die Farben, desto tiefer das Gefühl.

Rosatöne erzeugen mehr Liebe, Zufriedenheit und Mitgefühl im Herzen. Sie lassen dich auch deinen wahren Wert erkennen. Mit genug Liebe kannst du loslassen, was du für dein Selbstwertgefühl nicht mehr nötig hast.

Satte Brauntöne wirken erdend und stärken deine Wurzeln. So kommen mehr Stabilität, Sicherheit und Verantwortungsbewusstsein in dein Leben.

Steine und Kristalle als Erinnerung, der Versuchung zu widerstehen. Stier-Steine können dich daran erinnern, um Hilfe bei Stierthemen zu bitten – vor allem wenn du zur »Einkaufs-Therapie« neigst, obwohl du dir das eigentlich gar nicht leisten kannst. Tuals Steine für jede Lebenslage sind Bergkristall und Diamant. Du kannst auch Smaragd, Malachit oder Turmalin verwenden. Rosenquarz hilft dem Herzen. Tigerauge erdet gut. Du kannst auch die in den Meditationen erwähnten Steine verwenden.

Metalle und ihre Erdenergie. Der Herrscher des Stiers ist die Venus und das Metall der Venus ist Kupfer. Bei Problemen mit Beziehungen, der Liebe oder Zufriedenheit kann die Energie des Kupfers, z. B. als Armband getragen, die entsprechenden Übungen und Meditationen verstärken.

Ariel, der Engel der Erde und der Luft, verhilft dir zu der Sicherheit, die du brauchst, um dein Verantwortungsbewusstsein zu unterstützen. Ariel hilft dir, die Kraft der Erde aufzunehmen, die deine Wurzeln stabilisiert und nährt.

- Nimm dir ein Stück Papier und schreib auf, was du dich entschlossen hast, als Nächstes in deinem Leben zu tun. Halte es in deiner linken Hand (mit der du von den Engeln empfängst).
- Finde einen Platz in der Natur, wo du auf der Erde oder auf Gras stehst. Wenn das unmöglich ist, stell es dir vor.
- Hebe deine Arme parallel gen Himmel, so hoch du kannst.
- Rufe Ariel mit den Worten: *»Ariel, Ariel, Ariel, ich verbinde mich mit Luft und Erde. Seid in mir, seid bei mir, seid Teil von mir, wie ich von euch. Helft mir, aus meinen Füßen neue Wurzeln schlagen zu lassen und meine Entschlossenheit zu stärken. Lasst diese Wurzeln und die nährende Kraft der Erde mir die Stabilität und Sicherheit geben, die ich brauche, um meiner Verantwortung gerecht zu werden. In Liebe und Licht, Liebe und Licht, Liebe und Licht.«*

- Stell dir vor, wie tiefe Wurzeln aus deinen Füßen in Mutter Erde wachsen und spüre, wie die Erde dich durch deine Füße nährt, um diese Wurzeln zu stärken.
- Lass diese nährende Energie nach oben bis zu deinem Herzen fließen und es mit Zuversicht erfüllen.
- Lass deine Selbstzweifel los, schicke sie hoch und durch deine Finger hinaus, besonders durch deine rechte (gebende) Hand.
- Vollende diese Übung, indem du das Papier, auf dem dein Beschluss steht, in Ariels Erde vergräbst.
- Du kannst auch die Atemübung mit Tual machen (siehe Seite 125), da diese dich auch darauf vorbereitet, das Smaragdgrün für Gelassenheit und zum Öffnen des Herzens in dich aufzunehmen.

Ein Engel für das Gleichgewicht zwischen Einkommen und Lebensstil.

Vasariah ist der Engel der finanziellen Themen. Er schickt dir diese Botschaft:
Mein ist der helle Strahl des finanziellen Scharfblicks, der dich befähigt, den Kelch deines Lebens zu reparieren und zu stärken. Wenn du dich deinen Geldthemen nicht stellst, wird sich das herrliche Gold der Freude und Zufriedenheit zerstreuen. Ruf mich, um dir dabei zu helfen, damit dein Kelch wieder mit goldener Fülle überfließen kann. Verwende so viel Energie wie möglich darauf, auf dass es zu deinem höchsten Wohl sei.

Rufe Vasariah auf folgende Weise: *»Vasariah, Vasariah, Vasariah, bitte hilf mir, meine finanziellen Probleme anzugehen, damit ich mit deiner Hilfe mein Leben in Ordnung bringen kann. In Liebe und Licht, Liebe und Licht, Liebe und Licht.«*

Tuals smaragdgrüne Energie beruhigt, öffnet und erweitert dein Herz auf der Grundlage von Mutter Erde.

- Setz dich bequem hin. Nimm, wenn möglich, einen Stier-Stein in die Hand (siehe Seite 119).
- Schließ deine Augen, atme reine, weiße Energie ein und atme alle negativen Gefühle aus, bis du anfängst, dich zu entspannen.
- Rufe Tual: »*Tual, Tual, Tual, bitte bringe mir die Kraft des Smaragdgrün, um mein Herz zu beruhigen, zu öffnen und zu erweitern und Körper, Geist und Seele damit zu tränken. In Liebe und Licht, Liebe und Licht, Liebe und Licht.*«
- Stell dir vor, dass Tual smaragdgrünes Licht in dein Kronenchakra gießt.
- Beim Einatmen fließt das Licht von deiner Krone zum Steißbein.
- Schick dieses Licht in Mutter Erde, bis zu ihrem Herzen.
- Wenn du jetzt einatmest, schickt dir Mutter Erde tiefbraune Erdenergie zu deinen Füßen und in deinen Körper, was dir das Gefühl der Zugehörigkeit zu allem Leben gibt.
- Jetzt sprich diese Affirmationen, oder nur eine davon:
- »*Mit der Macht der Liebe und des Brauns bilde ich feste Grundlagen in der Erde. Mit der Macht der Liebe und Grün baue ich darauf auf und alles wird möglich.*«
- Beim nächsten Ausatmen atme grünes Licht aus. Lass es eine farbige Aura in Form grüner Flügel bilden und damit deinen Beschluss versiegeln.
- Danke Tual und bitte ihn, diese Energie in deinem Stein zu verankern, falls du einen benutzt hast. Trage den Stein bei dir, um dich an dein Ziel zu erinnern.

Verwende die Farbe Rosa für Liebe, zusammen mit Haniel, dem Engel der Venus.

Trage Rosa für Liebe und Freude. Haniel erinnert dich daran, dass Rosa die Farbe der Liebe, der Freude und des Mitgefühls (auch mit dir selbst) ist. Wenn du Rosa trägst, kannst du dich besser auf diese wunderbaren Gefühle fokussieren. Hierfür sind alle Rosatöne möglich, von zartem Rosé bis zu tiefem Magenta. Je tiefer die Farbe, desto tiefer das Gefühl, das damit hervorgerufen werden kann – von der zarten Liebe des blassen Rosé bis zu tiefem Mitgefühl und bedingungsloser Liebe in Magenta.

Wenn du nicht gerne Rosa trägst, kannst du dir einen kleinen Rosenquarz oder einen anderen rosafarbenen Stein wie Turmalin oder Kunzit besorgen. Trage ihn bei dir, wenn du an die Liebe erinnert werden möchtest oder um die Heilung des Herzens zu unterstützen. Wenn du ihn um den Hals trägst, wähle die Kette lang genug, dass er zwischen Herz und Thymusdrüse hängt. So ist die Wirkung am stärksten.

Kupfer ist das Metall der Venus und der Liebe.

Für Besonnenheit in der Liebe. Haniel ist auch ein glückbringender Engel, du hast also zweifach etwas davon. Wenn du dich auf eine neue Beziehung einlässt und das Richtige tun und sagen möchtest, trage etwas, was dich an Haniel erinnert.

Haniel sagt:
Mein Metall ist Kupfer. Es enthält die Macht der Liebe. Trag ein Stück Kupfer, um deine liebevollen Gedanken und Worte zu leiten und meine Energie in dein tägliches Leben zu bringen.

Leg deinen rosa Stein oder dein Stück Kupfer auf einen Spiegel. Dies verstärkt die Energie deines Steins oder des Metalls um ein Vielfaches. Wenn du auf Partnersuche bist, bitte Haniel von Herzen und sprich: Haniel, Haniel, Haniel, bitte hilf mir, meine wahre Liebe und meinen Lebenspartner zu finden, zu meinem höchsten Wohle, höchsten Wohle, höchsten Wohle.

Vielleicht erhaschst du sogar im Spiegel eine Ahnung von dem Menschen, in den du dich verlieben wirst!

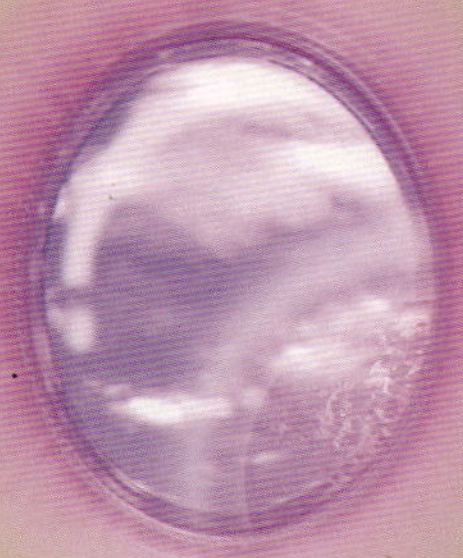

Der Stier wird regiert von der Venus, dem Planeten der Liebe und Schönheit. Hast du Schwierigkeiten loszulassen oder Nein zu sagen, so probiere diese Meditation mit Haniel aus, dem Engel der Venus, und verwende Haniels rosa Spiegel der Liebe.

- Setz dich ruhig hin und schließ deine Augen. Mach es dir ganz bequem.
- Stell dir vor, du sitzt vor Haniels rosa Spiegel der Liebe.*
- Rufe Haniel mit den Worten: »*Haniel, Haniel, Haniel, bitte sei bei mir, während ich die Macht des Rosa und der Liebe einatme. Hilf mir, alles loszulassen, was nötig ist, zu meinem höchsten Wohle, höchsten Wohle, höchsten Wohle.*«
- Jetzt atme so tief wie möglich ein und stell dir vor, dass du mit jedem Atemzug rosa Energie von deinem Kopf bis zum unteren Ende deiner Wirbelsäule ziehst.
- Versuch beim Ausatmen all deine Sorgen loszulassen, damit die Engel sie auflösen können.
- Wenn du dich ganz von rosa Energie erfüllt fühlst, stell dir vor, wie du dein Bewusstsein von deinem Kopf in dein Herz schickst.
- Du bittest von der Liebe deines Herzens her um Hilfe, denn du willst niemandem durch dein Tun schaden.

- Bitte Haniel, dir durch den Spiegel ihrer Liebe zu zeigen, was du loslassen solltest (oder wozu du Nein sagen solltest), zu deinem zukünftigen höchsten Wohl. Dabei mag es sich um Personen handeln, um ein Eigentum oder eine innere Haltung. Was immer dir in den nächsten paar Sekunden in den Sinn kommt, ist das, worum du dich kümmern musst. Akzeptiere dies und versuche nicht, es zu rationalisieren, denn damit bist du im Kopf statt im Herzen.
- Danke Haniel für ihre Hilfe.

* Ein rosa Spiegel spiegelt alles erfüllt von der Macht der Liebe (siehe mein Buch *Harmonie der Engel*).

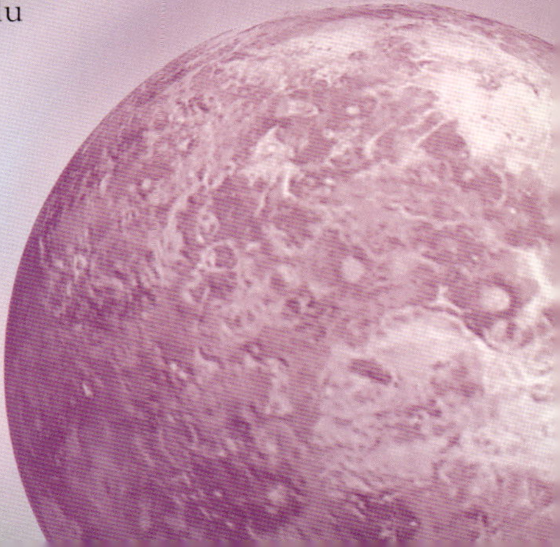

Engel und bedingungslose Liebe

»Ich war an dem Punkt angekommen, wo ich mein Leben unerträglich fand. Ich dachte fast: Was soll das alles noch? Jemand schleppte mich mit zu einem Vortrag von Angela McGerr und er brachte etwas in mir zum Klingen, also kaufte ich das Buch Harmonie der Engel.

Als ich wieder zu Hause war, allein, in der Dunkelheit – nur ich und diese Gedanken – und ich nicht schlafen konnte, erinnerte ich mich an das Buch und schaute hinein. Es öffnete sich auf der Seite von Camael. Da war er – der Engel der Gerechtigkeit und der Kraft. Ich dachte, davon könnte ich gut etwas gebrauchen. Also las ich weiter und die nächste Seite, die sich öffnete, handelte von Haniel, der Heilung der Liebe, und ich wusste, dass ich das dringend nötig hatte.

Ich las, wie man um Hilfe bitten kann, indem man die Engel anruft, und sprach: ›Helft mir. Bringt mich wieder auf die Beine und ich werde vorwärts gehen, aber bitte lasst mich nicht weiter in diesem unerträglichen Zustand. Ich gebe auf, ich gebe mich hin, ich schaff das wirklich nicht mehr allein.‹

Plötzlich waren die Engel da: Ich fühlte mich warm und behaglich und getröstet und so glücklich, dass ich wusste, so muss sich der

Himmel anfühlen. Wie eine große, mütterliche Umarmung, in der man sich sicher und geschützt fühlt und vor allem geliebt und niemals allein.
Dann fühlte es sich an, als ob ein Eiszapfen aus meinem Herzen gezogen würde und das Loch wurde sanft wieder verschlossen. Mein Herz fühlte sich an, als würde es vor positiven Dingen schier bersten, und ich wusste, ich muss nur vertrauen, dann wird alles gut. Ein Jahr später habe ich meinen Weg des Lichts und der Liebe gefunden. Ich bin glücklich und lade die Engel jeden Tag in mein Leben ein. Sie geben meinem Leben einen Sinn; ich sollte noch nicht aufgeben. Und alles andere hat sich auch zum Besten gewendet. Ich bin zufrieden.«
(von Alison Greensmith aus Hampshire, England)

Die Integration von Herz und Kopf für bessere Beziehungen.

Ambriel, der Herrscher der Zwillinge

Ich biete dir meine kraftvolle lavendelblaue Luft-Energie, um deine intuitiven Kräfte zu stärken und dir zu helfen, deine Probleme auf bestmögliche Art zu lösen. Höre auf dein Herz, denn die Antwort auf all deine Fragen liegt dort. Du hast die Intelligenz, die Beweglichkeit und die Begeisterung, um fast alles hinzukriegen, was du im Leben wählst, aber manchmal hältst du nicht inne, um zu bedenken, wie viel du dir auflädst, bis es zu spät ist. Du bist auch fürsorglich und loyal und du kannst wunderbar mit anderen kommunizieren, doch deine Bemühungen, ein/e gute/r ZuhörerIn zu sein, erschöpfen dich manchmal. Ich kann dir viele gute Ratschläge erteilen. Bitte um meine Hilfe mit Rosa für das Herz und die Liebe und Blau für den Kopf und die Wahrheit, um deine Entscheidungen ins Gleichgewicht zu bringen. Hülle dich in Michaels Kobaltblau, um dich zu schützen und deine kostbare Energie zu schonen.

Zwillinge, ein Luftzeichen, wird regiert von Merkur, dem Planeten der persönlichen Wahrheit. Der Herrscher des Merkur ist Michael, der Engel der Stärke und des Schutzes.

Ambriel meint, dass deine Loyalität, dein Mitempfinden und deine Problemlösungsfähigkeit von allen geschätzt werden, doch sollte dies nicht zulasten deines Wohlbefindens gehen. Mit der Hilfe der Engel kannst du schale Situationen auflösen und deine Energiereserven wieder auffrischen. Du hast auch viele Interessen, aber manchmal tanzt du auf zu vielen Hochzeiten gleichzeitig und nimmst mehr auf dich, als dir gut tut. Das geschieht oft, weil du Kopf und Herz nicht integrierst. Michael bietet dir in Zukunft seinen Schutz an und die Engel dieses Kapitels helfen dir dabei, diese Aspekte in dir ins Gleichgewicht zu bringen.

Auf der gegenüberliegenden Seite findest du die wesentlichen Merkmale dieses Zeichens. Wenn etwas dabei ist, was du zurzeit gut brauchen könntest oder wovon du zu viel hast, kann dir dieses Kapitel sicher helfen.

Persönliche Qualitäten des Zeichens Zwillinge und des Engels Ambriel:
Anpassungsfähigkeit, Flexibilität, Loyalität, Balance, intelligente und einfühlsame Problemlösungen.

Die Engel der Elemente bieten dir folgende Stärken der Luft:
Luft-Energie, um deine Vitalität aufzufrischen, Heilkraft der Winde und der Öle und Essenzen.

Michael, der Engel des Merkur, bewirkt:
Stärke, Schutz, Kommunikation und Wahrheit.

Diese Seite bietet dir einen Einstieg in die Arbeit mit Ambriel, um diese Qualitäten in dir zu stärken.

Betrachte die Liste auf der vorhergehenden Seite und versuch, Prioritäten zu setzen. Gibt es ein Wort oder einen Begriff, der deinen Bedürfnissen entspricht? Dann mach daraus eine Invokation: *»Ambriel, Ambriel, Ambriel, bitte hilf mir bei … (setze den Begriff ein, den du ausgewählt hast, z.B. meiner Flexibilität). In Liebe und Licht, Liebe und Licht, Liebe und Licht.«*

Wenn du deine Hände vor dir ausgestreckt hältst und deine Augen schließt, bevor du die Worte sprichst, kannst du dich besser auf dein Empfinden konzentrieren (der Sehsinn dominiert leicht die anderen Sinne). Entspann die Hände und versuch die Energie des Engels, den du gerufen hast, zu spüren.

Die Engel haben mir aufgetragen, den Lesern diese Art der Anrufung zu lehren. Du findest sie in Variationen im ganzen Buch wieder.

Im Allgemeinen wirst du an den Fingern ein Kribbeln oder Kitzeln spüren. Viele empfinden auch eine Wärme auf den Handflächen oder einen sanften Druck. Durch meine Lehrtätigkeit habe ich erfahren, dass die Menschen in ihren Händen und Armen unterschiedlich empfinden. Manche Menschen spüren eine Energiewelle in ihrem Körper oder ihrem Herzen.

Wenn du lernst, die verschiedenen Engel zu rufen, wirst du feststellen, dass du jeden etwas anders empfindest, dass jeder seine eigene Signatur hat. Nach einer Weile brauchst du nur noch den Namen zu sagen und du wirst deine persönliche Reaktion wahrnehmen.

Sprich weiter mit den Engeln und denk daran, ihnen immer für ihre Gegenwart zu danken.

Da Zwillinge ein Luftzeichen ist, bläst Ruhiel, der Engel der Winde, das Alte weg und erfrischt und belebt deinen Geist.

Ruhiel spricht:
Ich bin die Macht der Winde der Veränderung. Du kannst den kühlen Ostwind wählen, um dich zu reinigen und zu beleben und alles Alte wegzublasen, was du aus deinem Leben entlassen möchtest, oder den Westwind, der dich erfrischt und deine Stimmung hebt. Mein warmer Südwind umgibt dich mit Energie und Vitalität und befähigt dich, deine positiven Qualitäten zu entwickeln.

Wenn du dies brauchst, ruf Ruhiel mit den Worten: *»Ruhiel, Ruhiel, Ruhiel, bitte bring mir die Kraft des Ostwindes, um mich von etwas Vergangenem zu befreien (oder einer gegenwärtigen, stagnierenden Situation, was immer passt). Hilf mir, meinen Geist mit deinem sanften Westwind zu erheben, damit ich das Leben mit neuem Blick betrachten kann und stärke meine positiven Qualitäten mit deinem Südwind. In Liebe und Licht, Liebe und Licht, Liebe und Licht.«*

Um den Nordwind zu nutzen (der dich von alten Verhaltensmustern befreien kann), siehe Seite 243.

Affirmationen mit Ambriel. Verändere sie nach deinen Bedürfnissen und wiederhole die von dir gewählte Affirmation dann so lange, bis eine Veränderung eintritt.

Um effektiver zu kommunizieren: *»Ambriel, ich verdiene die Kraft der klaren und effektiven Kommunikation Zuhause und bei der Arbeit. Ich weiß, dass ich mit deiner liebevollen Hilfe diese Stärke in mir entwickeln kann, um meine Zukunft zu sichern.«*

Für Loyalität in der Problemlösung, ohne Nachteile für dich selbst: *»Ambriel, ich bin immer bereit, anderen mit meinem Zuhören und meinem Rat zu helfen. Mit deiner liebevollen Energie und deinem Schutz um mich herum werden mich meine Bemühungen von nun an nicht mehr erschöpfen und ich kann gleichzeitig den Hilfsbedürftigen gegenüber loyal bleiben.«*

Für Schutz gegen Negativität und Energieverlust: Wenn du dazu neigst, durch Zuhören erschöpft zu werden, beachte auch die Meditation mit Michael auf den Seiten 152/153.

Hahlii, der Engel der Farben, gibt Rat zu den Farben der Zwillinge: Die Farben der Zwillinge sind Blautöne, von Himmelblau bis Kobalt- oder Königsblau, auch Rosa- und Malvenfarben. Außerdem gehören Steine und Kristalle in diesen Farben dazu (Saphir, Amethyst, Rosenquarz).

Die Zwillinge werden vom Merkur regiert und der Engel ist Michael. Die Farben des Merkur sind Blau für Kommunikationsfähigkeit und Kobaltblau für Schutz, zusammen mit blauem oder gelbem Topas (ein Feuerkristall). Kombiniere Rosa für Liebe und Blau für Wahrheit, dann erhältst du Malvenfarben, die Farbe der Luftenergie dieses Monats. Du kannst natürlich auch andere Farben verwenden.

Pflanzen, Bäume und Blumen für Ambriel und Zwillinge. Haselnuss und andere Nussbäume gehören in das Zeichen Zwillinge. Nutze die Bäume und ihre Früchte, um dich daran zu erinnern, die Engel zu rufen oder Affirmationen zu machen. Zu den Zwillingen gehören auch Farne, Maiglöckchen, Lavendel, Majoran und Myrte. Sieh auch die Seiten 142/143 für Öle und Essenzen.

Verwende in diesem Luftmonat Öle, Essenzen und Federn zu deiner Unterstützung.

Achaiah, der Engel der Geheimnisse der Natur, spricht: *Nutze die Macht der Liebe, um mich zu rufen und um Wege zu finden, meine Geheimnisse der Natur zu nutzen. Die Farbe, die Form und der Duft, die Schönheit und Symmetrie meiner Blüten bringen Freude und geben deiner Suche nach einer Lebensverbesserung Kraft. Blumendüfte erheben Herz und Sinne.*

Erfülle die Luft mit dem Duft von Ölen und Essenzen. Während du die für diesen Monat vorgeschlagenen Meditationen machst, erfülle den Raum mit Duft. Dies hilft, Achaiah und die anderen Engel zu rufen. Du kannst Öle und Essenzen aus den auf Seite 141 aufgeführten Blumen verwenden.

Zur Förderung der Kreativität, wenn du eine Schreibblockade hast: Ein paar Tropfen Rosenholzöl in einer Duftlampe können die Ideen wieder ins Fließen bringen. Sprich dazu: *»Achaiah, Achaiah, Achaiah, hilf mir mit deinen Geheimnissen der Natur, meinen Geist zu befreien. In Liebe und Licht, Liebe und Licht, Liebe und Licht.«*

Wenn du dein Herz und deine Treue an die falsche Person gehängt hast. Lass den Raum sich mit dem Duft einiger Tropfen Rosenöl in Wasser erfüllen. Rufe Mupiel, den Engel der Heilung des Herzens, und sprich: *»Mupiel, Mupiel, Mupiel, sei jetzt bei mir und hilf mir, mein Herz zu heilen und zu verstehen, dass wieder jemand in mein Leben kommen wird, der meiner Liebe würdig ist. In Liebe und Licht, Liebe und Licht, Liebe und Licht.«*

Federn sind Botschaften der Engel. Federn stehen mit der Luft in Verbindung und sind ein Engelssymbol für den spirituellen Weg. Wahrheit und Spiritualität hängen eng miteinander zusammen, die Federn helfen dir also, deine persönliche Wahrheit zum Ausdruck zu bringen und zu leben. Dies ist in diesem Monat besonders wichtig, der von Merkur und dem Engel der Wahrheit, Michael, beherrscht wird. Halte nach kleinen, weißen Engelsfedern Ausschau, oder kaufe blaue Federn (für Michael), um dich an deine Wahrheit zu erinnern.

Bist du so loyal, flexibel und anpassungsfähig, dass du vergessen hast, wer du wirklich bist? Ithuriel, der Engel des wahren Selbst, zeigt dir den Weg zurück.

Ithuriel spricht:
Wenn du mich von Herzen rufst, zeige ich dir die integrierte Person, die du wirklich sein willst. Hast du dich so sehr bemüht, anderen zu gefallen, dass du dein wahres Selbst gefangen hältst? Ich zeige dir den Weg, die Mauern niederzureißen und wieder frei zu werden. Der Weg deines Lebens ist wie ein glitzernder Kristallberg. Sein Gipfel ist die goldene Krone des inneren Friedens durch Integration aller Aspekte des Selbst. Die Facetten des Kristalls repräsentieren deine vielen Talente. Erhasche einen Blick darauf und bestaune dein wahres Potenzial, denn wenn die Macht der Liebe mit dir ist, ist absolut alles möglich.

Ruf Ithuriel mit den Worten: *»Ithuriel, Ithuriel, Ithuriel, bitte bring deine Liebe zu mir und hilf mir, mein wahres Selbst wieder zu finden. In Liebe und Licht, Liebe und Licht, Liebe und Licht.«* Tu dies, bis du eine Veränderung bemerkst.

Hilfreiche Gesundheits-Hinweise der Engel in diesem Luftmonat.

Die Bedeutung frischer Luft. Wenn du dich ein wenig ausgebrannt fühlst, rät dir Ariel, jeden Tag eine Weile an die frische Luft zu gehen. Selbst im Winter, sogar besonders im Winter, denn dann sind die Tage kürzer und echtes Tageslicht ist meist besser für uns als Kunstlicht. Übe also, tiefer zu atmen, die Luft ganz durch deinen Körper zu ziehen, denn das Atmen feuert deine Energie an.

Bist du von einer negativen Atmosphäre umgeben? Neben der Übung mit der Schale der lavendelblauen Flamme von Seite 148 gibt es auch andere Möglichkeiten, die negative Energie bei dir Zuhause oder bei der Arbeit aufzulösen. Trage einen kleinen Amethyst (transmutiert negative Energie) oder Rauchquarz (absorbiert negative Energie) bei dir. Beide Kristalle sind Ariel zugeordnet und enthalten ein bisschen Zauberkraft.

Fühlst du dich zerstreut? Drei Tropfen Lavendelöl in einer Duftlampe oder eine Lavendel-Duftkerze unterstützen dich, wenn du Anahita anrufst, den Engel der Heilpflanzen, damit sie dir Frieden und Ruhe bringt. Sage: »*Anahita, Anahita, Anahita, bitte sei bei mir, um mich mit der Heilkraft des Lavendel zu beruhigen. In Liebe und Licht, Liebe und Licht, Liebe und Licht.*«

Der Himmel braucht nicht deine Grenze zu sein. Du kannst Sahaqiel, den Engel des Himmels anrufen, um dir zu helfen, deiner spirituellen Sehnsucht zu folgen. Sprich: »*Sahaqiel, Sahaqiel, Sahaqiel, bitte schicke mir deine liebevolle Energie, um mir spirituell zu helfen, über mich hinaus zu wachsen. In Liebe und Licht, Liebe und Licht, Liebe und Licht.*« Schau zum Himmel und suche nach Zeichen, wie einer Wolke in Engels- oder Flügelgestalt. Dann weißt du, dass er da ist. Das Ganze funktioniert noch besser, wenn du ein Stück Coelestin (Sahaqiels Kristall) in der Hand hältst. Siehe auch Seite 282.

Ariel, der Engel der Luft und der Erde, bietet dir diese wundervolle lavendelblaue Flammenübung, wenn dich das Problemelösen erschöpft hat.

- Bitte Ariel mit folgenden Worten mit dir zu sein: »*Ariel, Ariel, Ariel, bitte bring mir die Kraft des Engelslichts, die Flamme, die reinigt, heilt und belebt. In Liebe und Licht, Liebe und Licht, Liebe und Licht.*«
- Stell dir vor, du hast eine unsichtbare Schale mit dieser lavendelblauen Flamme, die Ariels magische Heilkraft der Luft und der Erde enthält.
- Halte diese Schale in deinen gewölbten Händen.
- Atme tief ein, um die unsichtbare Flamme zu inhalieren. Sie besteht aus reiner, positiver Energie. Ziehe sie tief in deine Lungen.
- Dränge mit der Kraft deines Willens beim Ausatmen alle Negativität aus dir heraus, die du als gute/r ZuhörerIn aufgenommen hast.
- Atme weiter die blaue Energie ein und Negativität aus, bis du dich wiederbelebt fühlst, dann danke Ariel für seine Hilfe.
- Wenn du dich in Zukunft rechtzeitig schützen möchtest, siehe die Übung auf Seite 152/153, in der du mit Michael einen kobaltblauen Umhang um dich atmest. Siehe auch die wahren Lebensgeschichten auf den Seiten 154 und 58/59.

Ambriel und Michael, die Herrscher des Merkur, bieten dir Invokationen an, um deine kommunikativen und zwischenmenschlichen Fähigkeiten zu stärken.

Um in deiner Haltung beweglicher/anpassungsfähiger zu werden: *»Michael, Michael, Michael, ich weiß, wenn ich niemanden verletzen will, muss ich lernen, im richtigen Augenblick die richtigen Dinge zu sagen. Bitte hilf mir dabei. In Liebe und Licht, Liebe und Licht, Liebe und Licht.«*

Um deine persönliche Wahrheit zu leben: *»Michael, Michael, Michael, mir ist klar geworden, dass ich in letzter Zeit eine Lüge gelebt habe und das macht mich unglücklich. Bitte sei bei mir und hilf mir, einen Weg aus dieser Falschheit heraus zu finden, damit ich wieder zufrieden sein kann. In Liebe und Licht, Liebe und Licht, Liebe und Licht.«*

Du kannst auch die Meditation auf Seite 224 probieren.

Wenn du zu Stimmungsschwankungen neigst: *»Ambriel, Ambriel, Ambriel, ich weiß, dass ich manchmal meinen Lieben gegenüber launisch und wechselhafter Stimmung bin. Ich bitte um deine liebevolle Unterstützung, um meine Gefühle so auszugleichen, dass andere sich in meiner Gesellschaft wohler fühlen. In Liebe und Licht, Liebe und Licht, Liebe und Licht.«*

Wenn du in Zukunft weniger flexibel sein möchtest: *»Ambriel, Ambriel, Ambriel, ich war in meiner Haltung anderen gegenüber in letzter Zeit zu flexibel. Das hat meinem eigenen Fortschritt im Leben geschadet. Hilf mir, in Zukunft angemessener zu reagieren, zum Wohle meiner Lieben und zu meinem eigenen höchsten Wohle, höchsten Wohle, höchsten Wohle.«*

In dieser Übung mit Michael, dem Herrscher des Merkur, atmest du seine kobaltblaue Energie um dich herum, für Stärke und Schutz.

- Wenn du einen Michael-Stein hast, (blauen Topaz oder Saphir) halte ihn in deiner linken Hand. So kannst du ihn während der Übung programmieren.
- Schließ deine Augen und beginne, reine, weiße Energie tief einzuatmen und alle negativen Emotionen auszuatmen, bis du dich entspannst.
- Wenn du dich mit weißer Energie erfüllt fühlst, bist du für den nächsten Schritt bereit.
- Stell dir nun vor, dass du Kobaltblau einatmest, die satte Farbe von Michaels Umhang. Diese Farbe heilt emotional und verleiht dir unmittelbar Schutz und Stärke.
- Rufe Michael, indem du sagst: »*Michael, Michael, Michael, ich brauche Kobaltblau, um mich zu stärken und zu schützen. Hilf mir, die Kraft dieser Energie einzuatmen und halte sie um mich herum, wann immer ich sie brauche. In Liebe und Licht, Liebe und Licht, Liebe und Licht.*«

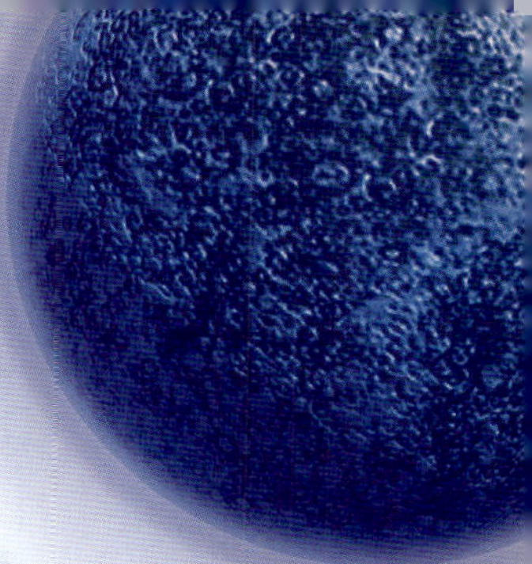

- Atme weiter und spüre, wie das Kobaltblau durch deinen Körper strahlt und Michaels Kraft in deine Energiezentren bringt.
- Bitte Michael, dir zu helfen, es bis auf die zelluläre Ebene zu schicken.
- Während du jetzt Kobaltblau ausatmest, wirbelt es um dich herum und bildet Michaels Umhang, eine energetische Aura der Stärke und des Schutzes vor Negativität.
- Michael wird dir helfen, diese positive Erfahrung in dir zu versiegeln und auch deinen Stein zu versiegeln.
- Danke Michael für seine Hilfe und wiederhole die Übung, wann immer du seinen Schutz brauchst.

Zu Michaels bedingungsloser Liebe finden

»Bevor ich die Engel fand, war mein Leben ein Scherbenhaufen. Ich hatte das Gefühl, am Rande des Abgrunds zu stehen, kurz vor dem Hineinfallen. Dann kam Michael und zeigte mir, dass der Abgrund eigentlich das Tor zu einem neuen Leben war. Als ich Michael das erste Mal zu mir rief, nahm er mich liebevoll in die Arme. Ich weinte, während ich spürte, wie mein Schmerz und meine Verwirrung sich auflösten. Seitdem habe ich eng mit Michael zusammengearbeitet: Ich habe es geschafft, die Psychopharmaka abzusetzen und meine Panikattacken sind seltener geworden, dank Michaels Umhang.

Ich habe das Gefühl, endlich zu wissen, wer ich bin und was meine Aufgabe ist. Ich wurde dazu inspiriert, Invokationen zu schreiben und Meditations-Beutel zu machen, um anderen zu helfen (siehe Seite 304).

Meine vier Jahre alte Tochter Lily hat Michael auch gefunden. Sie hatte sich sehr gefürchtet, allein in ihrem Zimmer zu schlafen, also haben wir gemeinsam Michael herbeigerufen. Jetzt ruft sie selbst jeden Abend vor dem Schlafengehen Michael und schläft wie ein Baby.«
(von Leitia Ravenscroft aus Southampton, England)

Zwei besondere Invokationen für Michael

Schutz für einen geliebten Menschen:
»Michael, Michael, Michael,
bitte sei jetzt bei … (Name der Person).
Hülle sie/ihn in deinen schützenden Umhang
und behüte sie/ihn vor allem Schaden.
Hilf ihr/ihm mit deinem Schwert,
alle Ängste loszulassen, die sie/ihn einengen.
Hilf ihr/ihm, in Frieden zu leben.
Danke für deinen liebevollen Schutz.
In Liebe und Licht, Liebe und Licht, Liebe und Licht.«

Invokation zum Aussprechen der Wahrheit:
»Michael, Michael, Michael,
bitte sei jetzt bei mir.
Hilf mir, die vollständige Wahrheit zu kommunizieren,
damit ich anderen und mir selbst gegenüber ehrlich sein kann.
Hilf mir, in allen Situationen die Wahrheit zu erkennen
und nicht durch Lügen getäuscht zu werden,
damit ich ein Leben in Liebe und Licht leben kann.
Danke für deine liebevolle Hilfe.
In Liebe und Licht, Liebe und Licht, Liebe und Licht.«

Juni/Juli

Eine Chance, frei zu werden und deiner inneren Stimme Gehör zu verschaffen.

Muriel, der Engel des Krebses

Ich bin die Stimme deines Herzens. Ich ertöne hell und klar aus deinem innersten Heiligtum, um deine Gefühle, denen du nicht immer Gehör verschaffst, auszudrücken. Damit helfe ich dir, Kraft für die Zukunft zu finden. Ich bringe dir Gold für mehr Willenskraft und zum Ausgleich das sanfte Silber des Mondes und des Wassers. Du bist vielleicht freundlich und rücksichtsvoll, doch – tust du fast alles, um Disharmonie zu vermeiden und unterdrückst dabei deine Gefühle? Wenn ja, bringst du dich selbst in Schwierigkeiten, denn in Lüge zu leben macht einsam oder schlimmeres. Zufriedenheit entspringt innerer Ruhe. Ich helfe dir, dich auszudrücken, indem ich dir rosa Strahlen der Liebe in dein Herz sende. So zeige ich dir den Weg, Konflikte zu lösen, um deine Wahrheit zu finden.

Muriels Krebs, ein Wasserzeichen, wird vom Mond regiert. Der Herrscher des Mondes ist Gabriel, der uns die silberne Kraft der Intuition bringt und die weibliche Seite unserer Persönlichkeit ausgleichen hilft.

Das Jahr ist nun halb vorüber. Muriel und Gabriel fragen, ob du so zufrieden bist, wie es auf andere wirkt. Verbirgst du deine inneren Gefühle zu sehr, still und beherrscht wie du bist? Manchmal ist es wichtig, zum Wohle aller etwas zu sagen. Deine persönliche Wahrheit zu leben, ist vielleicht der einzige Weg zu wahrem Glück. In diesem Kapitel wird Goldenergie als Ausgleich für das Silber des Mondes dieses Zeichens angeboten, und die Engel schlagen verschiedene Möglichkeiten vor, die Vergangenheit oder die Gegenwart und Beziehungsprobleme zu Hause oder bei der Arbeit zu heilen, damit du frei nach vorne schauen kannst.

Gegenüber findest du eine Liste jener Eigenschaften und Attribute, um die es in diesem Kapitel geht. Schau sie dir an. Könntest du bei einer davon die Hilfe der Engel gebrauchen?

Persönliche Qualitäten des Zeichens Krebs und des Engels Muriel:

Selbstbewusstsein, Zufriedenheit mit der Arbeit oder der Rolle, Innenschau, Selbstbeherrschung, Ausdrucksstärke.

Die Engel der Elemente bieten dir diese Stärken des Wassers:

Das Wegspülen alter Probleme.

Mit Ölen und Essenzen die Stimmung heben.

Gabriel, der Engel des Mondes, beeinflusst:

Hoffnungen, Träume, Intuition bezüglich Rollen und Beziehungen.

Beginne, indem du Muriel durch eine Invokation anrufst.

Auf der vorherigen Seite steht eine Liste persönlicher Qualitäten, bei denen dich die Engel dieses Kapitels unterstützen können. Trifft eine davon bei dir auf Resonanz? Dann ist Hilfe nahe. Wähle einen Begriff, der am besten zu deinen Bedürfnissen passt und formuliere daraus eine Invokation: *»Muriel, Muriel, Muriel, bitte hilf mir bei …(füge den von dir gewählten Begriff ein, z. B. meiner Selbstsicherheit). In Liebe und Licht, Liebe und Licht, Liebe und Licht.«*

Wenn du zum ersten Mal eine Invokation machst, lass dir danach ein paar Minuten Zeit, um dem nachzuspüren, was du empfindest.

Schließ deine Augen (um dich besser auf das Fühlen konzentrieren zu können) und halte deine Hände mit den Handflächen nach oben geöffnet vor dich hin, um zu spüren, wie die Engel auf deine Bitte antworten.

Die Menschen spüren die Engel ganz unterschiedlich, auch abhängig davon, welcher Engel angerufen wurde. Konzentriere dich nach deiner Invokation auf deine Hände und achte darauf, was du spürst.

Manche fühlen ein Kribbeln in der Hand, auf dem Handteller oder an den Fingern, andere empfinden Energie in ihrem Herzen, Arm oder Kopf. Es kann wie Elektrizität ohne Hitze sein. Manchmal knackt es auch in den Ohren. Andere spüren ein Kribbeln in den Beinen und Füßen, wenn sie mit der Erde verbunden werden.

Lerne deine erste Invokation auswendig und wiederhole sie immer wieder, denn jedes Mal, wenn du das tust, setzt du eine positive Absicht. Denke immer daran, den Engeln zu danken.

Wenn du selbstsicherer und selbstbeherrschter sein möchtest, kann dir Ramiel, der Engel der Klarheit, helfen.

Ramiel spricht:
Mein ist das reine Licht der Wahrheit, das deinen Blick klar werden lässt. Meine Schwingen sind wie Linsen, die dir die Wahrheit spiegeln: schau in sie hinein und du siehst, wie du wirklich bist. Ich helfe dir, deine wundervollen Qualitäten zu erkennen, denn wenn du dich selbst lieben und achten kannst, wirst du selbstsicherer und selbstbeherrschter sein. Der nächste Schritt ist dann, deiner inneren Stimme Gehör zu verschaffen.

Rufe Ramiel. Wenn diese Worte deinem Gefühl entsprechen, rufe Ramiel: *»Ramiel, Ramiel, Ramiel, bitte sei bei mir und hilf mir, mich mit mir selbst wohler zu fühlen. Schenke mir das innere Selbstvertrauen, meine Gefühle nicht mehr zu unterdrücken. In Liebe und Licht, Liebe und Licht, Liebe und Licht.«*

Du kannst auch die kurze Meditation mit Ramiel von Seite 164 machen.

Probier einmal diese Meditation mit Ramiel, um dir über deine Prioritäten für die nächsten Schritte in deinem Leben klar zu werden.

- Setz dich hin und entspanne ein wenig. Sorge dafür, dass du etwa 20 Minuten lang nicht gestört wirst.
- Bitte Ramiel innerlich, bei dir zu sein, zu deinem höchsten Wohle.
- Betrachte das Kunstwerk von Ramiel auf der vorherigen Seite ungefähr 30 Sekunden lang, um dich visuell mit Ramiels Energie zu verbinden.
- Dann schließ deine Augen und atme tief ein. Stell dir vor, dass du mit jedem Atemzug reine goldene Energie (göttliche Liebe) von deinem Kopf bis hinunter zum Steißbein ziehst.
- Versuche beim Ausatmen deinen Mangel an Selbstbewusstsein und deine Sorgen loszulassen. Du atmest deine Zweifel aus, damit die Engel sie zerstreuen können.
- Wenn du dich ruhig und mit goldener Liebesenergie erfüllt fühlst, stell dir vor, dass sich dein Bewusstsein auf die Ebene deines Herzens begeben kann, so dass du von einem Herzen voller Liebe aus um Hilfe bittest.
- Sieh innerlich wieder das Bild von Ramiel vor dir.
- Bitte Ramiel, dir in ihren spiegelnden Flügeln zu zeigen oder in deinem Herzen zu sagen, was zu deinem höchsten Wohle deine Priorität sein sollte. Was immer du in den nächsten Sekunden ahnst oder spürst, solltest du als Erstes angehen.
- Danke Ramiel für ihre Hilfe.

Zwei Affirmationen zur Auswahl, die du täglich mit Muriel machen kannst. Du kannst sie deinen Bedürfnissen anpassen.

Für die Fähigkeit, für sich selbst einzustehen: *»Muriel, ich weiß, dass ich in Zukunft fähig sein werde, zu meinem höchsten Wohle für mich selbst einzustehen. Hilf mir mit deiner Intuition zu erkennen, wann ich etwas aussprechen muss. Bring mir deine liebevolle Energie, um mein Selbstvertrauen zu stärken, denn dies wird der Anfang meiner Selbst-Transformation sein.«*

Für Selbstvertrauen und Selbstsicherheit: *»Muriel, ich weiß, dass es an der Zeit für mich ist, genug Selbstvertrauen zu haben, ich selbst zu sein. Ich bitte um deine liebevolle Unterstützung, während ich diese ersten, entscheidenden Schritte hin zu Selbstsicherheit und Zufriedenheit unternehme.«*

Krebs ist ein Wasserzeichen. Nutze die Energie des Wassers und die Fülle der Natur, um deinen Fokus zu unterstützen.

Pflanzen, Bäume und Blumen für Muriel und das Zeichen Krebs. Ahorn und andere saftreiche Bäume erinnern uns an das Thema dieses Monats. Auch Blumen in Krebsfarben, besonders Lilien, Rosen, Storchschnabel und Winden, dazu die Kräuter Estragon und Eisenkraut. In diesem Wasserzeichen wirken die Öle und Essenzen dieser Blüten ganz wunderbar. Verwende dazu eine Duftlampe oder ein paar Tropfen in einer Wasserschale. So hast du sowohl den Duft als auch die Verbindung zum Wasser, während du die Invokationen und Meditationen durchführst.

Zum Krebs gehören die Farben Gelb, Rosa und Weiß. Die Farben dieses Monats umfassen viele Schattierungen von Gelb und Rosa, von fast Weiß bis zu satteren Tönen und auch Gold und Silber. Die Gelb- und Goldtöne helfen, deine Willenskraft zu stärken, den Verstand zu klären und dir Energie für Entscheidungen und das entsprechende Handeln zu verleihen. Rosa fließt ins Herz und erweitert es mit Selbstwertgefühl, Liebe zur Schönheit in allen Dingen und der Fähigkeit, Mitgefühl zu empfinden.

Die Herrscher des Krebses sind der Mond und Gabriel. Dies bedeutet, dass Gabriels Farben Elfenbein, Weiß und Silber auch gut zu Krebsthemen passen. Weiß fördert die spirituelle Verbindung und Silber die Kraft der Intuition. Manchmal ist jedoch auch ein Hauch Gold nötig, um dir zu helfen, Entscheidungen zu treffen und das Silber deiner Intuition auszugleichen. Die Engel bieten dir in diesem Kapitel verschiedene Übungen an, je nachdem, was du brauchst.

Meditations-Kristalle von Och, dem Engel der Kristalle. Milchigweißer Bergkristall und opalisierende Steine wie Mondstein und Selenit stärken die Energie bei Mondmeditationen und Übungen dieses Kapitels (verwende Selenit jedoch nicht in Wasser!). Perlen können für Mond- und Wasserenergie getragen werden. Rosenquarz hilft dem Herzen, Selbstwert zu empfinden, während klarer Bergkristall, blasser Citrin und Rhodochrosit die Energie ausgleichen und heilen.

In diesem Wasserzeichen hilft dir Matriel, der Engel des Regens, dich von Vergangenem oder Gegenwärtigem reinzuwaschen.

Matriels Botschaft lautet:
Ich bin der silberne Schauer, der alles Leben erhält, denn was kann schon ohne meine Hilfe leben? Mein Regen mischt sich auch mit deiner Trauer und deinem Kummer. Meine Regentropfen fließen in deine Tränen, nehmen sie in sich auf und waschen sie ab. In jedem Tropfen halte ich ein wenig von deinem vergangenen Leben. Nutze dieses machtvolle Bild, um mental alle Probleme fortzuspülen, so dass du mit meiner Hilfe freudig ein neues Leben beginnen kannst.

Rufe Matriel. Wenn du den Eindruck hast, dass dir dies helfen könnte, kannst du Matriel um Hilfe bitten: »*Matriel, Matriel, Matriel, ich brauche deine liebevolle Hilfe, um die Vergangenheit abzuspülen und die Gegenwart zu erfrischen. Bitte sei bei mir, damit ich dies zu meinem höchsten Wohle tun kann. In Liebe und Licht, Liebe und Licht, Liebe und Licht.*«

Sieh innerlich vor dir, wie du rein gewaschen wirst. Stell dir vor, wie du dastehst und von klarem Wasser überspült wirst und in neuer Reinheit erstrahlst.

Nutze die silberne Kraft des Mondes, um jemandem liebevolle Gedanken zu schicken

Ofaniel, der Engel des Vollmondes, macht dir für den Vollmond folgenden Vorschlag, wenn du jemandem liebevolle Gedanken schicken möchtest.

- Halte einen Selenit oder Mondstein in der linken Hand und schließ deine Augen.
- Stell dir die Person, um die es dir geht, innerlich vor.
- Sprich:»*Ofaniel, Ofaniel, Ofaniel, ich bitte darum, dass der silberne Strahl des Vollmonds in mein Herz gezogen werde, um meine intuitiven Gedanken mit Liebe und Licht zu stärken. Bitte hilf mir, diese liebevollen Gedanken zu … (Name der Person) zu senden. Zum höchsten Wohle, höchsten Wohle, höchsten Wohle.*«
- Jetzt lass deine Gedanken ein paar Sekunden lang zur Ruhe kommen und schicke diese Gedanken in diesem Moment ab.
- Du hast den Stein mit diesen Gedanken programmiert. Trage ihn bei dir und wann immer du ihn anschaust, sende wieder die gleichen Gedanken zu der Person, um die du dich sorgst.

Nutze die goldene Macht der Liebe, um etwas zu lösen.

Die heilende Kraft der Liebe. Der Engel Rikbiel sagt dir, dass die Macht der Liebe alle Situationen heilen kann.

- Wenn du in einer Situation steckst, die festgefahren scheint, sprich drei Mal Rikbiels Namen und bitte ihn, bei dir zu sein.
- Atme tief ein und stell dir dabei vor, dass du die goldenen Sonnenstrahlen reiner Engelsliebe einatmest.
- Halte den Atem an und bitte dein Herz, die Liebe zu verstärken.
- Stell dir beim Ausatmen vor, dass du diese liebevolle Energie in die Situation hineinatmest.
- Tu dies drei Mal hintereinander und wiederhole diese Übung so lange, bis sich die Situation verbessert.

Rikbiel sagt:

Dieser Atem löst und heilt mit Liebesgeschwindigkeit alle erdenklichen Probleme. Die Liebe wird einen Weg finden, das ist sicher.

Wenn du dazu neigst, dich ein bisschen zu sehr auf deine Intuition (silberne Energie) zu verlassen, hilft dir eine Übung mit dem goldenen Glücksengel Diniel, entschiedener zu werden.

Diniel, einer der goldenen Glücksengel, spricht:
Ich bin bei dir, wenn du mich brauchst. Ich bringe dir einen Wirbel goldener Energie; mein helles, lebendiges Licht umhüllt dich mit Glück, Heilung, Gleichgewicht und Schutz. Ich werde dir auch helfen, entschieden deine nächsten Schritte im Leben zu nehmen, so wie es zu deinem höchsten Besten ist.

Rufe diesen Engel mit den Worten: *»Diniel, Diniel, Diniel, ich atme die Macht des Goldes ein. Bitte sei bei mir und lass dein lebendiges goldenes Licht in mich und um mich herum fließen, um das Silber in mir auszugleichen. Verleihe mir Entschlusskraft und die Kraft des richtigen Handelns, zu meinem höchsten Wohle. Bring mir Glück, Diniel. In Liebe und Licht, Liebe und Licht, Liebe und Licht.«*

Atme nach dieser Invokation goldenes Licht um dich herum, um ausgeglichener und konzentrierter zu sein und das anzugehen, was anliegt. Es wird einen lichten, goldenen Umhang um dich herum bilden.
Du kannst dieses Licht auch zu jemandem senden, der goldene Hilfe braucht.

Verhältst du dich so, als wärst du glücklich, obwohl du dich in deiner Arbeit oder Rolle fehl am Platz fühlst?

Dann sprich mit Jofiel, dem Engel der Arbeit und Aufgaben. Jofiel führt dich zu der Rolle, nach der du mit dieser Affirmation strebst. *»Mit Jofiel bestätige ich mein Bedürfnis, die mir zugedachte Rolle im Leben auszufüllen, die, die mir Zufriedenheit schenkt. Bitte leite meine Schritte zu dieser Rolle hin, zu einem Weg des inneren Friedens.«*

Dokiel, der Engel des Gleichgewichtes, kommt zu deiner Rettung. Bist du dir tief in deinem Inneren darüber klar, dass du eine Entscheidung für mehr Gleichgewicht in deinem Leben fällen musst? Schließ deine Augen und sieh das Für und Wider vor dir. Bitte Dokiel innerlich, deiner Bilanz das Element der Liebe hinzuzufügen, damit deine Entscheidung auch langfristig richtig ist. Sprich: *»Dokiel, Dokiel, Dokiel, ich bitte um deinen Rat, damit ich die richtige Entscheidung zur Erlangung des Gleichgewichtes treffe. Zu meinem höchsten Wohle, höchsten Wohle, höchsten Wohle.«*

Wenn du diese Invokation gemacht hast, wirst du in deinem Herzen unmittelbar spüren, was du tun solltest. Es steht dir aber immer frei zu wählen, was du dann tatsächlich tust.

Zitrusöle heben die Stimmung. Du kannst Anahitas Zitrusöle dafür verwenden, deine Stimmung zu heben. Gib zwei oder drei Tropfen in eine Duftlampe oder eine Schale Wasser oder tupfe sie sogar auf deine Handgelenke.

Probier es mal mit Orangenduft, wenn du niedergeschlagen bist, Neroli muntert auf, Mandarine macht glücklich. Oder bitte in deinem Herzen darum, dass dir Anahita zeigt, welche ihrer Heilpflanzen dir am besten helfen kann. Sprich: »*Anahita, Anahita, Anahita, bitte führe mich dabei, zu meinem höchsten Wohle, höchsten Wohle, höchsten Wohle.*«

Die Engelwurz hilft dir, dich spirituell mit der Engelenergie zu verbinden und mehr auf dein höheres Selbst eingeschwungen zu sein. Sag innerlich die Namen der Öle und achte darauf, bei welchem du intuitiv spürst, dass es das Richtige für dich ist. Du kannst auch mit Michaels Hilfe pendeln, wenn du weißt, wie das geht (siehe »In Harmonie mit Engeln«).

Hoffnungen und Träume bezüglich Beziehungen.

Gabriel, der Herrscher des Mondes, überbringt dir folgende Botschaft:
Meine rein silberne Spirale verbindet sich von Mutter Erde aus mit der Macht des Mondes und der Intuition. Einer meiner Namen lautet Erwecker, denn ich bringe euch Botschaften der Hoffnung und erwecke neue Wünsche. Ich führe auch eure Träume. Ruft mich, wenn ihr Hilfe in euren Beziehungen braucht.

Brauchst du Gabriel für neue Hoffnungen? Sinnst du über etwas nach, wofür du Gabriels Hilfe brauchst? Trag etwas Silber für den Mond und für Gabriel und ruf den Engel mit den Worten: *»Gabriel, Gabriel, Gabriel, bitte sei bei mir und leite mich in meinen Hoffnungen und Träumen über eine neue Beziehung. In Liebe und Licht, Liebe und Licht, Liebe und Licht.«*

Hellsehen mit Gabriel, um deine wahre Liebe zu sehen oder zu erträumen.

- Nimm eine flache, runde Schale voll reinen Wassers und lege einen kleinen, milchigen Bergkristall hinein. Der Kristall muss ganz unter Wasser sein.
- Stell die Schale an einen Platz, wo sie vom Mondlicht beschienen wird (Vollmond ist am besten) und lass sie dort eine Nacht lang stehen, um das Wasser und den Kristall mit Gabriels Energie zu energetisieren.
- Sprich am nächsten Abend, am besten im Mondlicht, die Invokation von der gegenüberliegenden Seite und füge hinzu: *»Gabriel, bitte zeig mir meine Liebe, wenn es zu meinem höchsten Wohle ist, höchsten Wohle, höchsten Wohle.«*
- Schau mit weichem Blick ungefähr 30 Sekunden lang in die Schale, dann schließ die Augen und beachte, was du siehst.
- Wenn du nichts siehst, leg den Kristall nachts unter dein Kissen und bitte Gabriel, dir zu helfen, von deiner Liebe zu träumen.
- Trag den Kristall bei dir, bis du der Person deiner Träume begegnest.
- Denk daran, Gabriel für seine Hilfe zu danken.

Ein goldener und silberner Sonne/Mond-Garten

»...und so werden wir bis zum Ende aller Zeiten, die silbernen Äpfel des Mondes pflücken, und die goldenen Äpfel der Sonne.« W. B. Yeats

Dieser Garten wurde von Fiona Stephenson entworfen, die sich von Angelas Buch über die *Schutzengel für jeden Augenblick* inspiriert fühlte. Der Gestaltung liegt die Vesica Pisces zugrunde, ein heiliges geometrisches Symbol, das daraus entsteht, dass sich zwei gleiche Kreise so weit überlappen, dass die Kreislinie des einen den Mittelpunkt des anderen schneidet. Jeder Kreis repräsentiert das Gegenteil des anderen. Die Überlappung der beiden Kreise symbolisiert Harmonie und Gleichgewicht: das Gemeinsame, die miteinander geteilte Vision, das gegenseitige Verständnis. Allein das Betrachten dieser Form spricht zur Seele.

Dieser Garten soll in einem angenehmen Außenraum ein Gefühl der Balance und der Harmonie hervorrufen. Es soll ein Bereich der stillen Kontemplation, der Besinnung und des Wohlbefindens sein. Wer sich spirituell vertiefen möchte, kann in diesem Garten die tiefere Symbolik und die mit der Vesica Pisces verbundenen Allegorien erkunden.
Die schlichte Form schafft ein ausgeglichenes Verhältnis zwischen harten und weichen Oberflächen. Die Pflanzen wurden nicht nur gewählt, weil sie leicht zu pflegen sind, sondern auch, um die Gegensätze zu betonen.

Dies ist ein Garten der Sonne und des Mondes und auch der Elemente Erde, Luft, Feuer und Wasser. Im Südkreis wird die Sonne von den goldenen Blättern und der runden Form der mexikanischen Orangenblüte (Choisya ternata ›Sundance‹) repräsentiert, im Nordkreis symbolisieren weiße Blüten und Silberblatt (Convolvulus cneorum) den Mond. Im Laufe der Jahreszeiten wird das Feuer durch rote Blüten wie Tulpen, Purpurglöckchen, Taglilien und Dahlien sowie die violetten Blätter von Salbei und Phormium dargestellt. Weiße, blaue und violette Blüten repräsentieren das Wasser: Taglilien, Lavendel, Salbei, Astern und Eisenkraut. Die Halme des Grases Stipa tenuissima bewegen sich im leichtesten Windhauch und vermitteln so Bewegung und das Luftelement. Auch Düfte spielen eine Rolle. Das rotblättrige Phormium »Maori Sunrise« hinter der roten Steinkugel und die fließenden Grashalme des Miscanthus »Morning Light« hinter der Wasserkugel betonen die Elemente Feuer und Wasser. Unten ist eine Erklärung der symbolischen Bepflanzung der Vesica Pisces.

Südkreis	**Gleichgewicht**	**Nordkreis**
Individuelle Stärken	Gemeinsame Grundlage	Individuelle Stärken
Feuer	Ruhe	Wasser
Sonne	Frieden	Mond
Gold	Kristall	Silber
Tag	Einigkeit	Nacht
Maskulin	Gegenseitiges Verständnis	Feminin
Logik	Spirituelle Harmonie	Intuition

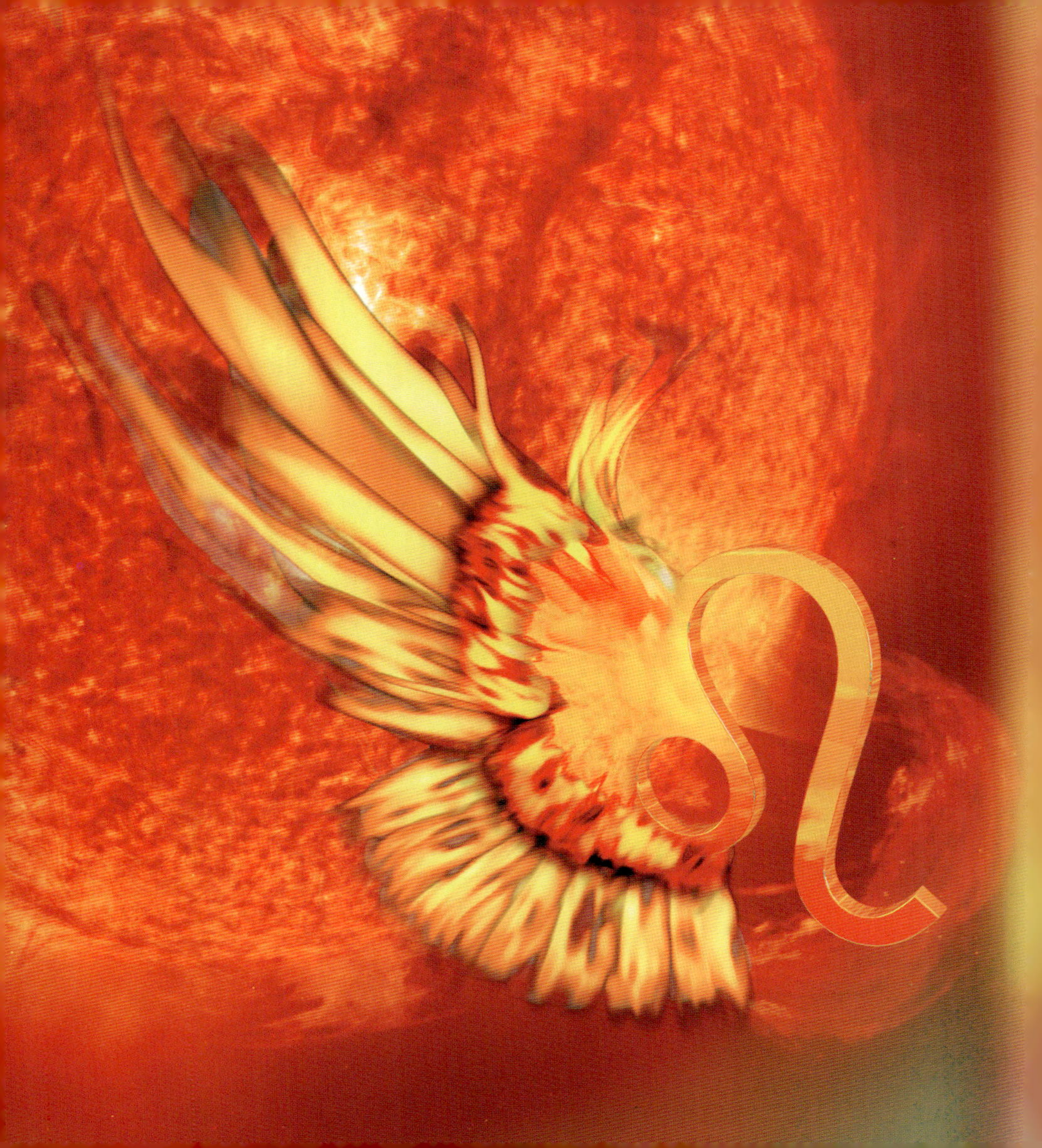

Juli/August

Hab volles Vertrauen in deine Fähigkeit, andere zu führen und zu inspirieren.

Verchiel, der Engel des Löwen

Mit der glorreichen Kraft und dem festen Mut meines Zeichens komme ich auf lohfarbenen Schwingen dir zu Hilfe. Meine liebevolle Energie verleiht dir souveräne Führungsqualität, um andere mit deiner Vision zutiefst zu inspirieren. Du hast das Potenzial, das Leben vieler Menschen zu verändern, denn du bist stark und klug und verfügst über die goldene und bernsteinfarbene Kraft der Sonne. Diese kann das Licht der Kreativität entzünden und Leben transformieren, indem innovative Situationen eingeführt werden, die das höchste Potenzial der Menschen herausfordern. Selbstzweifel gehören dazu, denn ohne sie würdest du nur durch dein Ego beherrscht. Meine Liebe führt dich zu dem Wissen, das du brauchst, um diese Zweifel zu überwinden. Ich stärke dein Selbstvertrauen, indem deinen Talenten die Weisheit von Erfahrungen hinzugefügt wird.

Löwe, ein Feuerzeichen, wird von der Sonne regiert. Raphael ist der Herrscher der Sonne und der Engel der Heilung auf allen Ebenen. Seine goldene Energie gleicht die maskuline Seite der Persönlichkeit aus und verleiht dir Entschluss- und Tatkraft.

Die Engel dieses Monats drängen dich, mehr von deinem Führungspotenzial und deiner Inspirationskraft zu zeigen, zum Wohle der anderen. Sie helfen dir dabei. Verchiel sagt, dass du nicht mehr zögern solltest, weil du dich innerlich verletzlich fühlst und deswegen deinen Eingebungen nicht folgst. Es gibt keine ständige Gewissheit. Die Engel helfen dir, ein/e erfolgreiche/r und inspirierte/r FührerIn zu sein, die/der andere mit Kraft und Mut vorwärts bringt, aber immer für den Fall gerüstet ist, dass etwas Außergewöhnliches passiert. Warum lässt du dich nicht darauf ein? Du hast die Chance, deinen Regenbogen zu finden, mitsamt dem Topf goldener Energie von Raphael.

Auf der gegenüberliegenden Seite findest du die Eigenschaften und Qualitäten, bei denen dir die Engel dieses Kapitels helfen können. Nutze dieses Kapitel, um dein inneres Selbstvertrauen zu stärken und Aspekte von dir zu heilen, damit du das erreichen kannst, was du vom Leben willst.

Persönliche Qualitäten des Zeichens Löwe und des Engels Verchiel:

Mut, Kreativität, Fähigkeit, andere zu inspirieren, Führungsqualitäten, Selbstvertrauen beim Entscheiden.

Die Engel der Elemente bieten dir diese Stärken des Feuers:

Reinigung, Läuterung, Aufladen deiner energetischen Batterien, Regenbogenfarben, um dein Leben zu bereichern und deine Kräfte zu sammeln.

Raphael, der Engel der Sonne, beeinflusst:

Die Gesundheit, das energetische Gleichgewicht, das für positives Handeln nötig ist.

Wie du beginnen kannst, mit Verchiel an diesen Themen zu arbeiten.

Finde zuerst deine persönliche Priorität. Dann wähle einen der Begriffe von Seite 183, der dir bei dieser Priorität helfen könnte und mach daraus eine Invokation: *»Verchiel, Verchiel, Verchiel, bitte hilf mir bei … (füge den Begriff ein, den du gewählt hast, z.B. meinen Führungsqualitäten). In Liebe und Licht, Liebe und Licht, Liebe und Licht.«*

Schließ deine Augen, wenn du mit der Invokation beginnst, damit du dich besser auf dein Fühlen konzentrieren kannst. Halte deine Hände vor dich, entweder mit den Handflächen nach oben oder nach vorne, wie es dir angenehm ist.

Sprich die Worte und warte dann ein wenig. Halte deine Hände ganz entspannt und spüre, wie der Engel dir antwortet.

Die Engel haben mir aufgetragen, den Lesern diese Art der Anrufung zu lehren. Fast alle Menschen, die auf diese Weise Engel rufen, spüren etwas in ihren Händen oder Fingern. Das ist die Engelenergie, die ihnen auf ihre Bitte hin zu Hilfe eilt.

In anderen Kapiteln erwähne ich, wie die meisten Menschen dies wahrnehmen. Probier nun einmal, Hahlii, den nächsten Engel dieses Kapitels zu rufen. Er wird sich vermutlich etwas anders anfühlen als Verchiel.

Übe es, selbst wenn du am Anfang kaum etwas spürst. Im Laufe der Zeit wird es deutlicher werden. Je mehr du die Engel in dein Leben einlädst, desto mehr wirst du sie fühlen.

Das ist der erste Schritt auf dem Weg der Liebe und des Lichts.

Ein Kaleidoskop voller Farben erweitert dein Leben und vereint deine Kräfte.

Die Botschaft Hahliis:
Mein sind die Regenbogenfarben der Schöpfung, die auf einer göttlichen Palette gemischt werden, um dein Leben jeden Tag zu bereichern. In diesem Monat sind es die glorreichen Feuerfarben des Löwen, tiefes Topasgelb, Orange und Gold, die dir Kraft geben, zu deinem höchsten Wohle zu handeln. Das Zeichen des Löwen wird auch durch die Kraft der Sonne regiert, die wiederum unter Raphaels Herrschaft steht. Es bietet dir also das einzigartige Feuer der Sonne, das sich in den Regenbogen aufsplittert, ein Kaleidoskop voller Farben, um alle Probleme in deinem Leben zu heilen. Jede Farbe hat ihren eigenen Platz, doch mit meiner Hilfe kannst du dahin kommen, in dir das reine, weiße Licht der Einheit zu erschaffen.

Rufe Hahlii: *»Hahlii, Hahlii, Hahlii, bitte bring mir Regenbögen, um mein Leben zu heilen und zu bereichern und führe mich zu dem, was ich zur Vereinigung von Körper, Geist und Seele machen muss. In Liebe und Licht, Liebe und Licht, Liebe und Licht.«*

Arbeite dich zuerst durch die Rot- und Gelbtöne des Löwen, wie auf Seite 188 beschrieben, dann widme dich den anderen Farben.

Löwe, ein Feuerzeichen, wird von der Sonne regiert, deshalb empfiehlt Verchiel in diesem Monat Feuerfarben und auch das Feuer selbst.

Hahlii bietet dir lohfarbene Töne (siehe auch Seite 186). Die speziellen Farben des Löwen sind tiefes Topasgelb, Bernstein, Orange, Gold und Gelb. Alle diese Farben verleihen Mut und körperliche sowie geistige Stärke. Verchiels Farben dienen dem niederen (körperlichen) Selbst. Wenn es für dich Zeit ist, wirst du dahin geführt werden, dich ins Herz und nach oben zu bewegen. Als Steine und Kristalle verwende Bergkristall, Bernstein, Topas oder Citrin.

Trage Gelb oder Gold für die Sonne und für Willenskraft. Zieh etwas Gelbes an, sei es ein Schal, ein Gürtel oder sogar Unterwäsche. Jedes Mal, wenn du es siehst oder daran denkst, absorbierst du mental die Farbe und stärkst deine Willenskraft. Gold verleiht dir die Fähigkeit, Optionen abzuwägen und hervorragende Entscheidungen zu treffen.

Topas, Bernstein und Orange sind transformative Feuerfarben. Sie bringen die Kraft der Veränderung und der Innovation in dein Leben und in das Leben derjenigen, die du führst. Alle drei symbolisieren Leidenschaft, sowohl sexueller Art als auch zum Erreichen deiner Ziele.

Transformation beginnt mit der Sonne und dem Regenbogen.

Raphaels Sonnenenergie erhellt das Leben:
Ich bin die Sonne, die dein Gesicht erhellt und die Schatten verjagt. Fokussiere dich auf mich und bitte, dass die Strahlen der Sonne in deinen Solarplexus fließen mögen. Das löst innere Verletzlichkeiten und Unsicherheiten auf und heilt auf allen Ebenen. Es energetisiert deinen Willen und dein Vertrauen in deine Führungskraft. Es kann auch Regenbögen in dein Leben bringen. Wenn die Sonne nicht scheint, hole die Kraft der Sonne durch deinen Willen und mit Raphaels Botschaft in dich hinein. (Meditation dazu siehe Seite 193)

Raphael und Hahlii raten dir, nach Regenbögen Ausschau zu halten. Wenn du diese Engel rufst, halte nach allen Arten von Regenbögen Ausschau – am Himmel, in einem Glas oder Kristall oder als geschriebenes Wort. Es sind Zeichen dafür, dass Hahlii und Raphael bei dir sind.

Effektives Führen erfordert Gesundheit, Kraft und Ausgeglichenheit.

Isda, der Engel der Nahrung und Ernährung, spricht:
Ich bringe meine goldene Energie in deine Nahrung, um deine körperliche Gesundheit zu stärken. Doch wenn du nach wahrer Ganzheit strebst, achte auch auf deine Seele und deinen spirituellen Weg, denn dies bringt dir ein Gleichgewicht von Körper, Geist und Seele.

Um dieses Gleichgewicht sicherzustellen, rufe Isda: *»Isda, Isda, Isda, bitte führe mich, damit ich mich auf das konzentrieren kann, was ich tun muss, um körperlich gesünder zu sein und verhilf mir zu einem Gleichgewicht von Körper, Geist und Seele, zu meinem höchsten Wohle. In Liebe und Licht, Liebe und Licht, Liebe und Licht.«*

Du kannst auch die Übung mit Feuerenergie von Seite 193 durchführen.

Pflanzen und andere Möglichkeiten, dich in Verchiels Monat zu unterstützen.

Die Pflanzen des Löwen. Lorbeer und Olivenbäume sowie gelbe und orangefarbene Blumen, besonders Ringelblumen, Margeriten und Schöllkraut sind in diesem Monat hilfreich, genauso wie die Kräuter Rosmarin (psychischer Schutz, aber nicht während der Schwangerschaft verwenden) und Pfefferminze (hilft bei dem Gefühl innerer Verletzlichkeit). Du kannst diese Blumen oder Blütenessenzen oder Aromaöle verwenden, um den Übungen und Meditationen dieses Kapitels zusätzlich Energie hinzuzufügen.

Kerzen. Eine Kerze in einer Farbe des Löwen (oder in Weiß, das immer verwendet werden kann) verleiht zusätzliche Elementarenergie. Du kannst in eine gelbe oder orangefarbene Kerze das Symbol des Löwen einritzen (siehe Seite 182/183) und sie in diesem Monat einsetzen. Auf Seite 193 findest du eine Übung, die Farbe Orange zu atmen und so eine Feuermagie zu bewirken. Auf Seite 200/201 steht eine gelbgoldene Meditation mit Raphael.

Eine Stärkungsmeditation mit orangefarbener Feuermagie und Uriel, dem Herrscher des Feuers, um die Energiezentren des Körpers (Chakren) zu reinigen und wieder aufzuladen.

- Zünde eine orangefarbene Kerze mit dem Löwen-Symbol an.
- Atme ein paar Mal so tief wie möglich reines, weißes Licht der Engel ein, bis du dich ruhig und friedvoll fühlst.
- Wisse, dass du einen Kanal von ungefähr fünf Zentimetern Durchmesser hast, der vom Mittelpunkt deines Scheitels gerade nach unten bis zum unteren Ende deiner Wirbelsäule verläuft.
- Rufe Uriel: *»Uriel, Uriel, Uriel, bitte sei bei mir und bring die Magie des Feuers durch meinen inneren Kanal, um all meine Chakren zu reinigen, zu läutern und wieder aufzuladen. Ich lasse mental alle Blockaden in mir los. In Liebe und Licht … (3 mal)«*
- Konzentriere dich ca. 30 Sekunden lang auf die Kerzenflamme.
- Schließ deine Augen und sieh innerlich die Kerze vor dir.
- Bitte Uriel, die Essenz dieser Kerzenflamme durch dein Kronenchakra am oberen Ende des Kanals in dich hineinfließen zu lassen. Stell dir vor, wie diese klare, reine Flamme das Innere deines Kopfes reinigt.
- Bring die Flamme Schritt für Schritt weiter nach unten (und reinige damit die Chakren, falls du mit ihnen vertraut bist).
- Stell dir vor, dass die reine Flamme alle Blockaden verbrennt, bis sie das untere Ende deiner Wirbelsäule erreicht und die Reinigung vollständig ist.
- Bitte Uriel, dir strahlende Flügel aus orangefarbenen Flammen zu geben, um deinen Transformationsprozess zu unterstützen.
- Bitte Uriel, die Energie zu versiegeln und danke für seine Hilfe.

Zwei Affirmationen mit Verchiel, falls du manchmal deine Talente anzweifelst.

Für den Mut, dem eigenen Urteil zu vertrauen. *»Verchiel, mit deiner Hilfe werde ich alle Selbstzweifel über meine Urteilskraft und meine Führungsqualitäten überwinden, denn ich weiß, ich kann für andere ein Katalysator sein, um ihr eigenes Potenzial zu verwirklichen.«*

Für die Vision und das Ziel, andere zu inspirieren. *»Verchiel, mit deiner liebevollen Unterstützung habe ich die Vision und die Ambition, viel zu erreichen. Hilf mir mit Chancen und dem Mut, meine schöpferischen Fähigkeiten zu beweisen und andere zum Folgen zu inspirieren.«*

Du kannst auf dieser Grundlage auch deine eigenen Affirmationen entwickeln, mit denen du täglich dein Selbstvertrauen nährst.

Mehr Engelshilfe für unterschiedliche Situationen.

Brauchst du Klarheit in einer Situation? Setz dich still hin und schließ deine Augen. Ruf von deinem Herzen aus Ramiel, den Engel der Klarheit: »*Ramiel, Ramiel, Ramiel, bitte hilf mir, meine Situation klarer zu erkennen. In Liebe und Licht, Liebe und Licht, Liebe und Licht.*« Auf Seite 164 gibt es noch eine Übung mit Ramiel.

Bei Problemen mit Loyalität und Treue sagt Icabel, der Engel der Treue: *Ohne Urteil oder Vorbehalt schenke ich dir meine bedingungslose Liebe und wanke nicht in meiner Loyalität, was immer du tust oder sagst. Dies ist mein strahlendes Vorbild für dich – bleibe in dem Geist der Liebe und betrüge niemals dich selbst.*

Sinne über diese Botschaft nach. Wenn du Probleme mit Loyalität oder Treue hast, schließ deine Augen und versuche die Person zu sehen, die dir Sorgen bereitet. Lass dir von deinem Herzen sagen, was zu tun ist, und versuche, deiner Intuition zu trauen. Siehe auch die Übung auf Seite 199.

Für die kreative Schaffenskraft, die andere inspiriert, rufe Radueriel, den Engel der Künstler.

Radueriel spricht:
Ich komme, um dir mitzuteilen, dass ich, der Schutzpatron der Künstler, in deiner Seele angeborene Talente sehe. Sie ist mit einer Kreativität erfüllt, die nach Ausdruck verlangt, denn du kannst führend darin sein, andere zu inspirieren. Lass dich von deinen eigenen silbernen Kräften der Intuition führen und rufe mich, um dich zu unterstützen, denn es ist an der Zeit, diese Begabung zu manifestieren.

Wenn du Inspiration brauchst, rufe Radueriel. Sprich: *»Radueriel, Radueriel, Radueriel, sei jetzt bei mir, um meine Vorstellungskraft zu inspirieren. Ich weiß, dass ich diese künstlerische Fähigkeit in mir habe. Mit der Macht der Liebe werde ich die richtige Art des Ausdrucks finden und durch meine Seele zur Welt bringen, auf dass es andere inspirieren möge. In Liebe und Licht, Liebe und Licht, Liebe und Licht.«*

Für eine Übung mit der silbernen Flammenschale, um mit Radueriel deine Inspiration zu fördern, siehe auch Seite 199.

Radueriel bietet dir eine Schale mit silbernen Flammen der Intuition und/oder der künstlerischen Inspiration an.

- Verwende die Invokation von Seite 196, um Radueriel zu dir zu rufen.
- Stell dir nun vor, du hättest eine unsichtbare Schale voller glitzernder, silberner Flammen vor dir, welche die konzentrierte Kraft der silbernen, weiblichen Energie enthält.
- Halte diese unsichtbare Schale in deinen gewölbten Händen.
- Atme diese unsichtbaren Flammen tief ein. Sie sind reine, silberne, intuitive Energie. Ziehe sie tief in dein Herz.
- In deinem Herzen entzünden sie das Feuer der Intuition.
- Sende die Flammen auch zu deinem Unterleib, zum Zentrum deiner Kreativität und künstlerischen Inspiration.
- Atme weiter die silberne Energie ein, bis du dich von der strahlenden Kraft dieses Lichts erfüllt fühlst.
- Halt inne und lass dich von den Engeln weiter führen.
- Bleib eine Weile bei dieser Übung und bitte Radueriel innerlich, dich in Bezug auf deine Ahnungen und Empfindungen zu stärken.
- Denk daran, Radueriel für seine Hilfe zu danken.

Löwe wird von der Sonne regiert. Raphael, der Herrscher der Sonne, rät dir zu dieser Übung mit gelbgoldener Sonnenenergie. Sie hilft, Gefühle der Verletzlichkeit aufzulösen und stärkt den Willen zum klaren Handeln.

- Schließ deine Augen und atme reine, weiße Energie ein, während du alle negativen Emotionen ausatmest, bis du anfängst, dich zu entspannen.
- Rufe Raphael: »*Raphael, Raphael, Raphael, ich bitte darum, dass die gelbgoldene Kraft der Sonne in mich fließt, meinen Willen stärkt und meinen Geist mit Licht erfüllt. In Liebe und Licht, Liebe und Licht, Liebe und Licht.*«
- Stell dir vor, dass du diese Energie mit einem tiefen Atemzug aufnimmst.
- Atme sie tief in deinen Körper ein und halte den Atem an. Stell dir vor, wie dein Herz sich mit dieser Energie in Liebe erweitert und wie sich in deinem Herzen ein leuchtend goldener Stern bildet.

- Stell dir vor, dass dieser goldene Stern durch deinen ganzen Bauch goldene Energie erstrahlen lässt, vor allem in den Bereich hinter dem Solarplexus, um deinen Willen und deinen Verstand zu stärken.
- Beim Ausatmen sage: *»Ich erweitere jetzt diesen gelbgoldenen Stern und atme ihn um mich herum.«* Der Stern wird sich unsichtbar um dich herum bilden, aber vielleicht spürst du ihn mit deinen Fingern (er kitzelt!).
- Sprich: *»Raphael, Raphael, Raphael, bitte hilf mir, diese goldene Energie dazu zu verwenden, meine innere Verletzlichkeit loszulassen, damit ich das tun kann, was zu meinem höchsten Wohle ist, höchsten Wohle, höchsten Wohle.«*
- Der Stern hält ungefähr 36 bis 48 Stunden lang an, danach musst du ihn neu erschaffen.
- Tu dies, so oft du für Entscheidungen, die für dein Leben heilsam sind, Raphaels liebevolle Hilfe brauchst. Denk daran, ihm zu danken.

Rettung durch Raphael

»Ich bin Mexikanerin und habe einen Amerikaner geheiratet. Am Tag meiner Hochzeit hatte ich einen Korb voller mexikanischer Blumensamen bei mir, um mich daran zu erinnern, dass sie in meinem neuen Garten in Arizona wachsen sollten. Doch nach einiger Zeit schienen Tränen meine Samen zu bedecken. Alles schien verloren und ich war sehr niedergeschlagen. Obwohl mir gar nicht der Sinn danach stand, mit meinen beiden Söhnen in einem großen Metallvogel neue Abenteuer zu bestehen, überzeugte mich die brütende Hitze des Sommers in Arizona davon, die Einladung meiner Schwester nach Mexiko anzunehmen.

Als das Flugzeug in Arizona abhob, flatterten tausend Schmetterlinge in meinem Bauch. Wir lasen ein Buch über Engel, doch nach einem Luftloch wackelte das Flugzeug ziemlich und die Frau auf der anderen Seite des Gangs fing erst an zu weinen und schließlich zu schreien. Sie hatte einen Panikanfall. Ihr Begleiter versuchte verzweifelt, sie wieder zu beruhigen. Alle drehten sich um und wollten sehen, was da los war. Ich hing zum ersten Mal im Leben in der Luft und wusste nicht, was ich tun sollte. Ich musste so tun, als wäre alles in Ordnung, aber die Angst dieser Frau wurde langsam ansteckend. Plötzlich erinnerte ich mich an das, was wir gerade gelesen hatten. Wir riefen den Erzengel Raphael und baten um seinen Schutz. ›Bitte, Raphael, keine Turbulenzen mehr und hilf dieser armen Frau, sich zu beruhigen‹, flehten wir.

Wir boten der verängstigten Frau unser Engelbuch an. Erstaunlicherweise nahm sie es mit schreckgeweiteten Augen an und nach ein paar Minuten ließ ihr krampfhaftes Schluchzen nach. Wir lernten gemeinsam, wie wir die Engel um Hilfe bitten können. Wir fürchteten uns nicht mehr – Frieden und Harmonie umgaben uns. Die Frau schlief schließlich ein und der Rest der Reise verlief ohne Probleme. Als wir ankamen, bedankte sie sich bei uns dafür, dass wir das Wunder der Engel mit ihr geteilt hatten.
Seitdem verlassen wir das Haus nie ohne Raphael. Wann immer wir fliegen, sitzt er neben uns und oft kann ich frischen Blumenduft wahrnehmen.«
(von Nancy Alvarado aus Arizona, USA)

August/September

Die Fähigkeit und die Energie, sowohl mit den größeren Zusammenhängen als auch mit den Details des Lebens umzugehen.

Hamaliel, der Engel der Jungfrau

Ich bin der goldene Sommer deines Lebens. Mit meinen Strahlen unendlicher Liebe bereichere oder entwirre ich Beziehungen. Meine Energie ebnet deinen Weg, so dass du entspannt und ruhig sein kannst. Zuerst sind grüne Themen vordringlich, das heißt Gesundheit und Ernährung, die Grundlagen des Wohlbefindens. Sobald deine Vitalität gestärkt ist, werde ich dir liebevoll helfen, die dich belastenden Beziehungsthemen zu klären. Als NetzwerkerIn bist du ausgezeichnet, doch manchmal setzt du keine Prioritäten oder lässt dich ablenken. Ich bringe dir blaue Energie, damit du den größeren Zusammenhang deines Lebens überblicken kannst, statt dich nur auf einzelne Aspekte zu konzentrieren. Ich befähige dich zu handeln und führe dich zur Macht der Wahrheit, um alle Dinge erfolgreich zum Abschluss zu bringen.

Jungfrau, ein Erdzeichen, wird vom Merkur regiert, dem Planeten der Kommunikation. Der Herrscher des Merkur ist Michael, der Stärke und Wahrheit bringt.

Hamaliel und die Engel dieses Monats bringen dich dazu, dich zuerst auf deine Energie und dein Wohlbefinden zu konzentrieren, damit du für die wichtigen anstehenden Themen genug Lebenskraft hast. Aus einer Position der Stärke heraus und mit Michaels Rückendeckung kannst du Beziehungsprobleme lösen, sobald du dich ihnen zuwendest, denn du hast die zwischenmenschlichen Fähigkeiten dazu. Die Fülle dieses Sommermonats schenkt dir auch die Chance – selbst oder mit neuen Ideen – schwanger zu sein. Außerdem bieten dir die Engel die Ruhe des Überblicks, damit du in Bezug auf die größeren Zusammenhänge in der Spur bleibst, statt dich von Details behindern zu lassen.

Auf der gegenüberliegenden Seite stehen ein paar Schlüsselbegriffe für die persönlichen Qualitäten dieses Monats. Schau sie dir an – entspricht etwas davon dem, was du brauchst? Wenn ja, lies weiter, denn dieses Kapitel kann dir helfen.

Persönliche Qualitäten des Zeichens Jungfrau und des Engels Hamaliel:

Soziale Fähigkeiten, innere Ruhe, Gewissenhaftigkeit, Gründlichkeit, Aufmerksamkeit fürs Detail.

Die Engel der Elemente bieten dir diese Stärken der Erde:

Vitalität, Wohlbefinden, Energie für Erd-/Kristallheilungen, Fruchtbarkeit von Körper, Geist und Seele.

Michael, der Engel des Merkur, beeinflusst:

Kommunikation, Netzwerker-Fähigkeiten, Wahrheit und Stärke.

Rufe Hamaliel bei diesen Themen zu Hilfe

Bedenke zuerst genau, was du von der Liste der vorherigen Seite brauchst. Dann mach daraus eine Invokation: *»Hamaliel, Hamaliel, Hamaliel, bitte hilf mir bei meinen …(füge den von dir gewählten Begriff ein, z. B. sozialen Fähigkeiten). In Liebe und Licht, Liebe und Licht, Liebe und Licht.«*

Schließ deine Augen, bevor du diese Worte sprichst, um dich mehr auf das Fühlen als auf das Sehen zu konzentrieren (bei den meisten von uns dominiert der Gesichtssinn das Fühlen). Halte deine Hände mit den Handflächen nach oben oder nach vorne vor dich, und entspanne sie so gut du kannst.

Dann sprich die Worte und warte ein wenig. Wahrscheinlich spürst du ein Kribbeln, einen sanften Druck, einen kühlen Hauch oder eine Wärme – das ist die Antwort der Engel.

Übe fleißig, damit sich deine Fähigkeit steigert, die Engel wahrzunehmen.

Längere Invokationen mit Hamaliel

Beziehungen glätten: *»Hamaliel, Hamaliel, Hamaliel, ich weiß, dass ich mich um meine häuslichen Beziehungen kümmern muss. Mit deinem liebevollen Schutz und unter deiner Obhut werde ich die Gelegenheit finden, meine Probleme endgültig zu lösen. In Liebe und Licht, Liebe und Licht, Liebe und Licht.«*

Für soziale Fähigkeiten: *»Hamaliel, Hamaliel, Hamaliel, bitte hilf mir, meine Fähigkeit wieder zu finden, mit mir unbekannten Menschen zu reden, damit ich mehr Sozialkontakte habe. Ich weiß, dass ich dazu fähig bin und es früher gut konnte. Hilf mir, mein inneres Selbstvertrauen wieder zu finden, zu meinem höchsten Wohle, höchsten Wohle, höchsten Wohle.«*

Für Gewissenhaftigkeit und Gründlichkeit: *»Hamaliel, Hamaliel, Hamaliel, bitte hilf mir, nicht einfach meine Aufgaben zu überfliegen, sondern ihnen die notwendige Aufmerksamkeit und Gründlichkeit zukommen zu lassen, denn das ist langfristig die weiseste Entscheidung. In Liebe und Licht, Liebe und Licht, Liebe und Licht.«*

Ist es Zeit für neue Fruchtbarkeit in Körper, Geist oder Seele?

Yusamin, der Engel der Fruchtbarkeit, hat folgende Botschaft für dich:
Ich ströme aus der Quelle der Liebe und des Lichts auf glänzenden Flügeln, die aus lebendigem Licht bestehen. In meinem Herzen trage ich die silbernen Samen der Fruchtbarkeit und die Macht der Liebe, die alles zum höchsten Wohle wachsen und gedeihen lassen. Meine Aufgabe ist es, dir Fruchtbarkeit für Körper, Geist und Seele zu bringen. Bitte mich um Hilfe für das, was zu deinem höchsten Wohle ist.

Rufe Yusamin: *»Yusamin, Yusamin, Yusamin, ich rufe dich aus der Quelle des Lichts her zu mir, denn es ist jetzt an der Zeit für mich, neue Fruchtbarkeit (des Körpers = Empfängnis, des Geistes = neue Ideen oder der Seele = spirituelle Entwicklung; setze ein, was für dich zutrifft) zu entwickeln, um mein Leben zu bereichern. Bitte schenk mir deine liebevolle Unterstützung für diese neue Phase meines Lebens. In Liebe und Licht, Liebe und Licht, Liebe und Licht.«*

Jungfrau ist ein Erdzeichen. Die Engel der Pflanzen, Kristalle und der Natur verbinden dich mit Mutter Erde und ihren vielen Geheimnissen.

Hahlii, der Engel der Farben, erklärt, dass zu Hamaliel und Jungfrau grüne und blaue Farben mit etwas Gold und Braun, für die Verbindung zur Erde, gehören.

Die Grüntöne der Jungfrau erinnern dich an Gesundheit. Diese Farben dienen auch der Ausdehnung von Körper, Geist und Seele und besonders der Heilung und Öffnung des Herzens.

Merkur regiert die Jungfrau. Er bringt blaue Farben. Sie verhelfen zu innerer Ruhe und stärken deine kommunikativen Fähigkeiten zu Hause und bei der Arbeit. Mit ihrer Unterstützung findest du den richtigen Augenblick, um in Beziehungen deine Wahrheit zum Ausdruck zu bringen und zu leben.

Zuphlas, der Engel der Bäume, erzählt, dass in Erdzeichenmonaten Bäume besonders wichtig sind, denn sie erinnern dich daran, dein Leben in größeren zeitlichen Zusammenhängen zu sehen. Die Bäume der Jungfrau sind besonders die Nussbäume – Haselnuss, Walnuss und Kastanie.

Och, der Engel der Kristalle, bietet dir seine Weisheit an:
In diesem Erdzeichenmonat biete ich dir die Energie der Kristalle an. Sie wurden tief im Herzen der Erdmutter am Anfang der Zeiten erschaffen und durch meine alchemistischen Kräfte jetzt an die Erdoberfläche gebracht. Verwende die Kristalle, die dich rufen, mit aufrichtiger Absicht und liebevollem Herzen, denn die Kraft der Kristalle kann in dir oder in deinem Leben Veränderungen bewirken.

Wähle und verwende einen Kristall. Kristalle wählen dich, nicht du sie. Bei der Verwendung von Kristallen kommt uralte Erdenergie, die Kraft der kristallinen Struktur und die Farbe dieses Monats zum Einsatz. Trage diesen Monat für Hamaliel grüne Steine und Kristalle, wie Smaragd, Malachit oder Turmalin bei dir, oder blaue, wie Topas oder Türkis. Verwende sie bei den Übungen dieses Kapitels. Zur Erdung und zum Ausgleich nimm Hämatit, Tigerauge oder Rauchquarz.

Nutze die Fülle von Mutter Erde für Gesundheit, Ganzheit, Freude und Glücklichsein.

Sofiel, der Engel der Fülle der Natur, spricht:
Mit goldenen Strahlen entspringe ich Mutter Erde. Ich kann dir raten, wie du ihre nährende Fruchtbarkeit verwenden kannst, In diesem Erdmonat helfe ich dir besonders, gesünder und damit stärker zu werden, zu deinem eigenen Wohl und zum Wohle derjenigen, die von dir abhängen. Meine goldene Philosophie enthält eine Botschaft der Wahrheit für dich, wie du ganzheitlich und voll Freude leben kannst.

Sofiel's Rat:
Iss und trink weise, vernachlässige diesen Aspekt deines Wohlbefindens niemals. Reduziere die Aufnahme schädlicher Stoffe, ernähre dich gesund, möglichst ohne stark veränderte Nahrungsmittel und achte darauf, dass du ausreichend Vitamine und Mineralien zu dir nimmst.

Atme gut und tief, denn das Atmen stärkt deine Energiezentren.

Schau dich um und freue dich an der Schönheit der Natur. Lass diese Freude ausstrahlen.

Achte Mutter Erde. Liebe sie und ihre Fülle, respektiere Tiere und alle Lebewesen, spüre deine Verbindung zu allem Leben und ernte den Lohn.

Sachluph, der Engel der Pflanzen, erhellt dein Leben.

Um Licht in deinen Tag zu bringen, bitte Sachluph, den Engel der Pflanzen, dir zu helfen, für dein Zuhause eine grüne Topfpflanze auszusuchen. Jedes Mal, wenn du sie anschaust, kannst du die Aura der Pflanze und die energetische Schwingung des Grüns aufnehmen, um zu wachsen. Du kannst auch eine der vorgeschlagenen Pflanzen und Farben für Hamaliel und die Jungfrau wählen, zum Beispiel Margeriten, Vergissmeinnicht oder Lavendel. Die Farben sind Weiß, Blau oder Gelb. Du kannst die Farbe und Aura der Pflanze aufnehmen, während du für sie sorgst.

Anrufung des Engels der Pflanzen: *»Sachluph, Sachluph, Sachluph, bitte hilf den Pflanzen in Heim, Garten, Wald und Feld zu wachsen und in Freude und Schönheit zu gedeihen. In Liebe und Licht, Liebe und Licht, Liebe und Licht.«* Sprich dies über einer Pflanze, die deiner Hilfe bedarf.

Sachluph zeigt dir einen Weg, Erdkraft zu verwenden. Diese Erdübung dient der Stärkung deines Selbst.

- Füll eine kleine Schale voll Erde.
- Nimm ein kleines Samenkorn oder ein Reiskorn und pflanze es in die Erde, knapp unter die Oberfläche. Dann gieße es ein wenig.
- Jetzt schließ deine Augen und stell dir vor, du seiest das Samenkorn.
- Spüre, wie die nährende Kraft der Erde dich wärmt und dir, unterstützt durch das Wasser des Lebens, Stärke und Energie schenkt.
- Leg positive Energie in den Willen, höher zu wachsen, nach dem Licht zu streben und spüre den Triumph, wenn du die Erdoberfläche durchbrichst.
- Bitte Sachluph innerlich, dein neues Ich mit den Qualitäten zu versehen, die du in diesem Monat brauchst. Du kannst dies in deinem Leben schaffen – du brauchst nur genug positive Absicht.

Eine Meditation mit Mumiah für Vitalität und Wohlbefinden

- Atme tief reines, weißes Licht, die positive Energie der Engel, ein und lass beim Ausatmen deine negativen Gedanken los, bis du dich mit weißem Licht erfüllt fühlst.
- Stell dir vor, du seiest ein Kanal für eine Spirale kristalliner Energie, die durch dein Kronenchakra in dich fließt, entlang der Mittellinie bis zum Steißbein.
- Bitte Mumiah, dir zu helfen: *»Mumiah, Mumiah, Mumiah, bitte hilf mir, von oben durch meinen Kopf kristalline Energie durch alle meine Energiezentren zu atmen und mir Vitalität und Wohlbefinden zu schenken. In Liebe und Licht, Liebe und Licht, Liebe und Licht.«*
- Stell dir vor, dass diese glitzernde Energie in deinen Kopf fließt und während sie durch dich strömt, versuche zu spüren, wie sie dir Energie schenkt und dein Immunsystem stärkt.
- Die kristalline Spirale fließt durch das untere Ende deiner Wirbelsäule in die Erde.
- Jetzt bist du durch deinen Körper mit der Universellen Quelle verbunden und kristallines Licht strahlt von deinem zentralen Meridian in alle deine Energiezentren.
- Bergkristalle enthalten das Potenzial für alle Farben und geben dir daher das perfekte Gleichgewicht und ein Gefühl der Ruhe.
- Sende Liebe, Licht und Dank an alle Engel.

Iadiel, der Engel zur Zerstreuung aller Sorgen, hilft dir, Dinge, die dir Sorgen bereiten, in die richtige Perspektive zu rücken, damit du entspannter an sie herangehen kannst.

Iadiels Botschaft:
Meine goldenen Schwingen haben die Macht, dich aller irdischen Sorgen zu entheben, und sei es nur für einen kurzen Moment. Wie ein großer Vogel, der einen grenzenlosen Himmel durchfliegt, lasse ich dich in Zeit und Raum schweben, damit du in einem Moment der Ruhe deine Situation klarer erkennen kannst. Nimm diese Gelegenheit wahr, innerlich mit mir durch den Himmel zu schweben und schau aus der Entfernung auf all deine Sorgen, so kannst du eine bessere Perspektive gewinnen.

Um den größeren Zusammenhang zu erkennen, rufe Iadiel mit den Worten: *»Iadiel, Iadiel, Iadiel, ich bitte dich, hilf mir den ganzen Zusammenhang zu erkennen und die rechte Perspektive zu gewinnen, denn dann werde ich wissen, was als Nächstes zu tun ist. In Liebe und Licht, Liebe und Licht, Liebe und Licht.«*

Versuch, bei deinen Entscheidungen sowohl mit dem Herzen als auch mit dem Kopf zu denken.

Mit Cassiel nach einer schwierigen Zeit Ruhe und Gelassenheit finden.

Cassiel, der Herrscher des Saturn, erinnert uns daran, dass es im Leben Gegensätze gibt und dass wir, indem wir unsere dunklen Zeiten konfrontieren und überwinden, wieder zu Harmonie und dadurch zu Ruhe und Gelassenheit finden können. Wenn du gerade eine dunkle oder schwierige Zeit hinter dir hast, beruhte sie vielleicht auf karmischen Themen, bei denen du einverstanden warst, sie in diesem Leben anzuschauen und zu überwinden. Wenn du diese Situation akzeptierst, in dem Negativen auch dich damit versöhnende Aspekte finden und die Herausforderung zu einem positiven Ergebnis bringen kannst, dann bist du frei, weiterzugehen.

Um Cassiels Botschaft besser zu verstehen, leg ein Stück Obsidian und ein Stück Selenit nebeneinander auf den Tisch. Du kannst auch Schneeflocken-Obsidian oder schwarzweißen Achat nehmen. Man sagt, kurz vor der Morgendämmerung ist die Nacht am dunkelsten. Wenn du gerade durch eine harte Zeit gehst, erinnere dich daran: Es wird vergehen, so sicher wie der Tag auf die Nacht folgt.

Michael, der Herrscher des Merkur spricht:
Aus der Quelle des Lichts reise ich auf einem herrlichen goldenen Lichtstrahl, um dich zu stärken und zu schützen. Mein Strahlen zerstreut alle Dunkelheit und verbannt alle Falschheit aus deinem Leben.

Wenn du Halsprobleme hattest, kann das bedeuten, dass du deine wahren Gefühle nicht ausdrücken konntest. Das Unterdrücken kann zu ständigen Halsproblemen oder Erkältungen führen. Michael kann dir helfen, damit umzugehen – falls du dieses Problem angehen willst. Du kannst auch die Meditation mit Michael von Seite 224/225 machen.

Für Gewissenhaftigkeit und Ausdruckskraft: *»Michael, Michael, Michael, ich bitte dich dabei um Hilfe, Missverständnisse aufzuklären. Ich weiß, ich muss damit umgehen und es wird meine ganze Kraft beanspruchen. Bitte sei mit deiner liebevollen Unterstützung bei mir und hülle mich in deine starken Flügel, damit ich die Kraft habe, mich zu äußern. Zu meinem höchsten Wohle, höchsten Wohle, höchsten Wohle.«*

Kommuniziere effektiv und aufrichtig mit Michaels Hilfe.

- Schließ deine Augen, beginne, reine, weiße Energie tief einzuatmen und alle negativen Emotionen auszuatmen, bis du dich entspannt fühlst.
- Wenn du einen Saphir oder blauen Topas hast, halte ihn in deiner linken Hand und programmiere ihn während der Meditation.
- Dann rufe Michael mit den Worten: *»Michael, Michael, Michael, hilf mir, die Kraft der azurblauen Energie in meinen Hals zu atmen, damit ich besser kommunizieren kann. In Liebe und Licht, Liebe und Licht, Liebe und Licht.«*
- Jetzt stell dir vor, du atmest himmelblaues Licht. Es füllt deinen Hals und umstrahlt diesen Bereich deines Körpers und entfernt alles, was der Wahrheit und deinem Selbstausdruck entgegensteht.

- Während diese blaue Energie deinen Hals ausfüllt, sprich auch folgende Affirmation, wenn du willst, um deinen Weg zur Wahrheit zu beginnen. *»Mit der Kraft des Blau und Michaels Schwert empfange ich Wahrheit, Weisheit und Freiheit.«*
- Hattest du einen Stein in der Hand gehalten, so wurde er während dieser Meditation programmiert. Halte ihn in beiden Händen und bitte Michael, deinen Entschluss darin zu versiegeln.
- Trag den Stein bei dir, um dich daran zu erinnern, was du mit Hilfe dieser Übung erreichen kannst. Wiederhole sie so oft du möchtest, bis du deine Wahrheit gefunden hast.

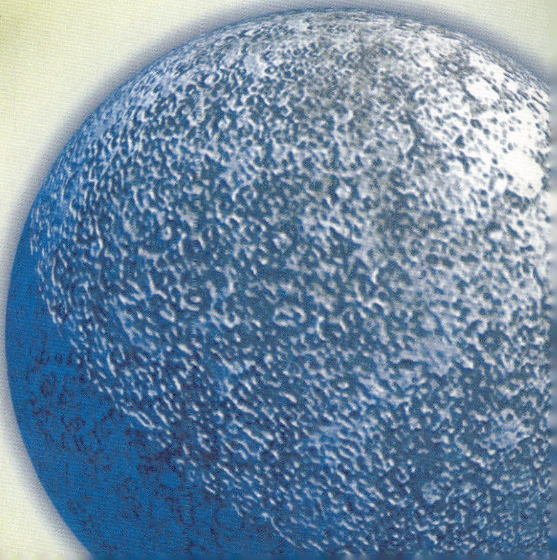

Unter der Führung der Engel zu Gesundheit und Wahrheit

»Die folgende Geschichte hat mich wirklich erstaunt, deshalb möchte ich sie weitererzählen. Ich ziehe jeden Tag eine von Angelas Engelkarten und finde darin immer eine Botschaft für mich. Vor ein paar Monaten zog ich Isda, den Engel der Nahrung und Ernährung, und las, dass sie uns helfen kann, ein Ungleichgewicht zu entdecken, das das Wohlbefinden ernstlich einschränkt. Seit einigen Jahren habe ich viele Verdauungsprobleme, die Diagnose stimmte also, aber ich fragte mich, was jetzt wohl geschehen würde.

Ich lerne zur Zeit Homöopathie und öffnete ein neues Materia Medica Buch aus meiner Schule. Dabei fiel eine kleine weiße Feder genau neben die Überschrift des Mittels Mandragora. Ich war ziemlich verblüfft darüber, aber als ich das Arzneimittelbild durchlas, schien es zu vielen meiner Symptome zu passen. Ich beschloss, es mit dem Mittel zu versuchen und es half mir wirklich bei meinen Verdauungsproblemen. Ich fühle mich viel besser. Inzwischen pendle ich immer mit Michael, dem Engel der Wahrheit, bevor ich einem Patienten ein Mittel verschreibe. Die Botschaften der Karten sind ein wahres Himmelsgeschenk und sie helfen mir, die richtigen Mittel zu finden, damit es den Menschen besser geht.«
(von Rachel Durnford aus Leicestershire, England)

Engelsfedern

»Nachdem meine Mutter vier Monate lang im Krankenhaus gewesen war, konnte sie endlich entlassen werden, aber es ging ihr noch nicht gut genug, um nach Hause zu können. Zu ihrem Kummer musste sie erst in eine Reha-Klinik. Ich legte jeden Tag einen Schutz um sie und bat die Engel, für sie zu sorgen, wie ich es mit allen meinen Familienmitgliedern tue. Eines Tages fühlte sich meine Mutter schlecht und rief mich an. Ich eilte zu ihr und fand eine weiße Feder auf ihrer Schwelle. Sie fing gerade an, hypoglykämisch zu werden.

Ein paar Monate später wollte sie ein paar Sachen von sich zu Hause holen. Ich hatte auch ihr Haus unter Schutz gestellt, weil in der Gegend viel eingebrochen wird. Als wir dorthin kamen, war bei den Nachbarn auf beiden Seiten eingebrochen worden, aber das Haus meiner Mutter war unberührt, trotz ihrer Abwesenheit. Als wir eintraten, lagen mitten auf dem Sofa drei kleine weiße Federn. Ich vergesse nie, den Engeln für ihre Hilfe zu danken.«

(von Dympna Swan aus Großbritannien)

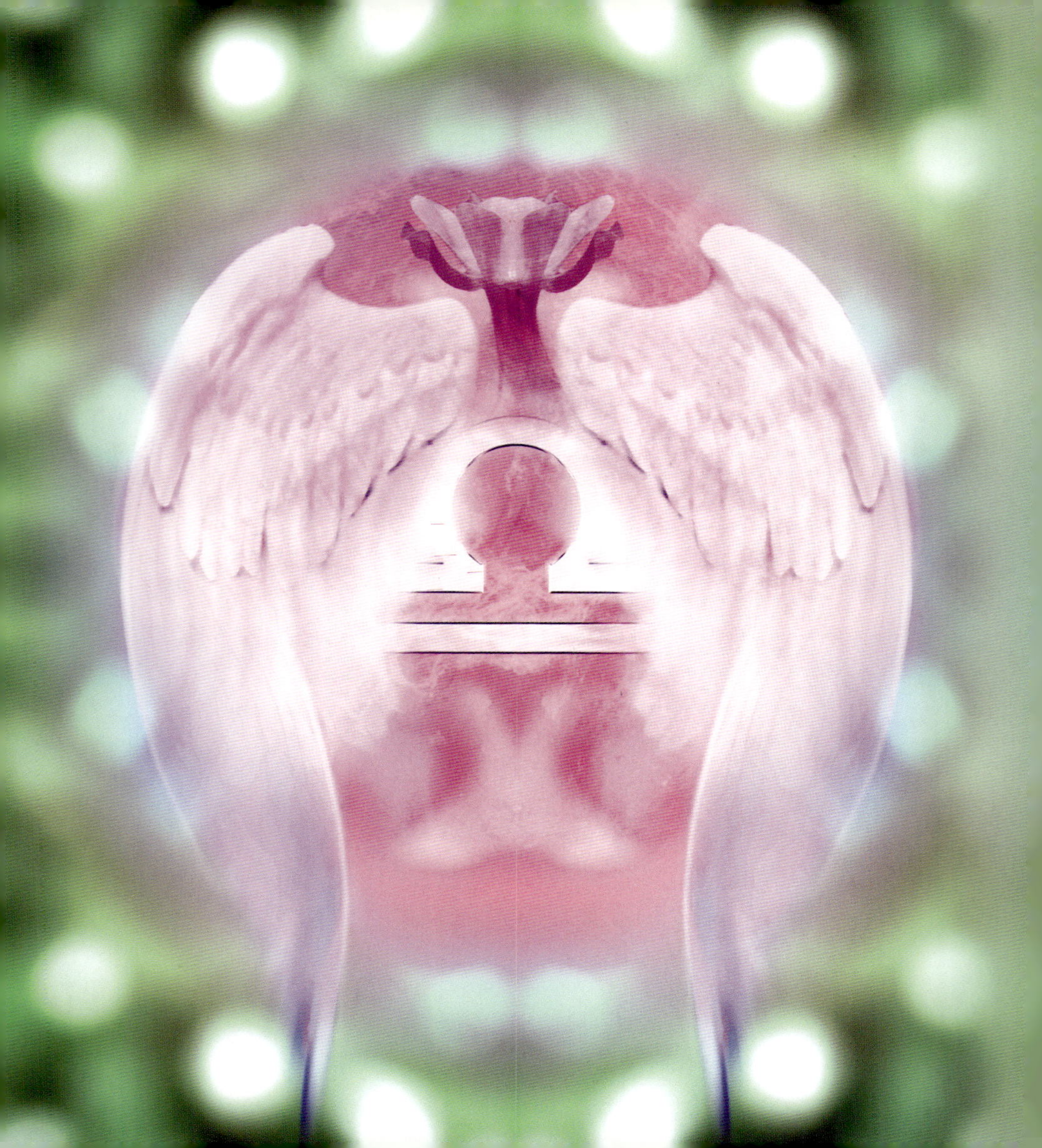

September/Oktober

Die Waagschalen deines Lebens mit Liebe zu füllen, schenkt Gleichgewicht und Harmonie.

Zuriel, der Engel der Waage

Mein ist die reine goldene Energie, welche die Waagschalen deines Lebens mit Liebe anfüllt und deinen Entscheidungen Ausgeglichenheit gibt. Bei lebensverändernden Entscheidungen leihe ich dir meine goldenen Augen, um dir zu helfen, deinen höheren Lebenssinn zu erkennen. Es gibt immer etwas zu entscheiden und viel kann davon abhängen, dass man das Richtige wählt, doch lass das Leben nicht an dir vorüberziehen, während du unent-chieden bist. Wenn du gerade vor einer schwierigen Entscheidung stehst, ruf meinen Namen und frag in deinem Herzen, was für deine Zukunft am besten ist. Mit der Kraft des Rosa helfe ich dir zu interpretieren, was dir dein Herz antwortet. Arbeite auch mit mir, damit dein Leben ausgeglichen ist, vor allem was die Beziehung zwischen Beruf und Privat betrifft. Lavendelfarbene Luftenergie erfrischt, Grün besänftigt den Verstand und fördert die körperliche Gesundheit, während Violett deine spirituelle Erweiterung fördert.

Waage, ein Luftzeichen, wird von Venus regiert, dem Planeten der Liebe. Herrscher der Venus ist der Engel Haniel. Sie zeigt dir die Schönheit und das Mitgefühl in dir selbst.

Zuriel und Haniel sagen, dass zu den bewundernswerten persönlichen Qualitäten dieses Monats auch Geradlinigkeit und ein Bedürfnis, sich an die Regeln zu halten, gehören. Sie weisen jedoch darauf hin, dass dies nicht deinem individuellen Selbstausdruck im Weg stehen sollte. Urteile nicht zu hart über dich. Versuch, deine Eigenschaften in einem gesunden Gleichgewicht zu halten. Dieses Kapitel hilft dir dabei. Wenn du möchtest, kannst du alte Verhaltensprogramme loslassen, z.B. die Neigung, Ausflüchte zu machen. Die Engel führen dich bei lebensverändern-den Entscheidungen und Chancen, so dass du nichts verpasst, was zu deinem Besten wäre.

Auf der gegenüberliegenden Seite stehen die Qualitäten dieses Monats. Brauchst du etwas davon oder hast du es im Übermaß? Dann kann dir dieses Kapitel helfen.

Persönliche Qualitäten des Zeichens Waage und des Engels Zuriel:

Geradlinigkeit, Konformität, Entschiedenheit, Integration, Harmonie und Gleichgewicht von Körper, Geist und Seele.

Die Engel der Elemente bieten dir diese Stärken der Luft:

Die Macht des Windes, um alte Verhaltensmuster zu entfernen.
Öle und Essenzen, um das Herz zu heilen und zu öffnen.

Haniel, der Engel der Venus, beeinflusst:

Liebe und Mitgefühl für sich selbst und andere.

Beginne mit Zuriels Hilfe, eine dieser Qualitäten in dir zu stärken.

Wenn du beschlossen hast, dass du von den Engeln dieses Kapitels Hilfe brauchst, entscheide, welche der Eigenschaften jetzt Priorität hat und formuliere dann eine Invokation: *»Zuriel, Zuriel, Zuriel, bitte hilf mir bei … (setze den Begriff ein, den du gewählt hast, z. B. meinem Gleichgewicht zwischen Körper, Geist und Seele). In Liebe und Licht, Liebe und Licht, Liebe und Licht.«*

In früheren Kapiteln habe ich erklärt, wie du lernen kannst, die Engelenergie zu spüren, die als Antwort auf deine Bitte zu dir kommt.

Jeder Engel berührt dich auf eine etwas andere Weise, damit du ihn erkennen kannst. Manche bringen auch einen bestimmten Duft mit sich, z. B. nach Rose oder Lilie, der wie ein Hauch vorüberstreift.

Experimentiere damit, herauszufinden, wie sich die Antworten der Engel unterscheiden, indem du Rochel rufst, den Engel der verlorenen Dinge, der auf den nächsten Seiten dieses Kapitels in Erscheinung tritt. Spüre, wie sich Rochels Energie für dich anfühlt. Viele Menschen haben die Fähigkeit, die Energie der Engel wahrzunehmen, und erkennen dadurch, dass die Engel wirklich für sie da sind.

Wenn du es übst, wird deine Fähigkeit, die Gegenwart der Engel zu spüren, zunehmen. Mit wachsender Erfahrung spürst du immer mehr und siehst innerlich vielleicht sogar Bilder oder Farben.

Um etwas wiederzufinden, was du einmal hattest und meinst, verloren zu haben.

Rochels persönliche Botschaft:
Ich bringe dir eine glänzende Seifenblase goldener Energie. Darin kannst du vielleicht etwas erkennen, was du in deinem Leben verloren hast. Betrachte es und denke nach. Wolltest du es loswerden oder willst du es wiederhaben? Wenn das Letztere deine Antwort ist, bin ich hier, um dir liebevoll dabei zu helfen.

Wenn dies in dir eine Resonanz auslöst, rufe Rochel mit den Worten: *»Rochel, Rochel, Rochel, bitte hilf mir, das, was ich verloren habe, wiederzufinden und zurück in mein Leben zu holen. In Liebe und Licht, Liebe und Licht, Liebe und Licht.«*

Die Übung von Seite 236 kann auch dabei helfen. Bevor du dies versuchst, überlege dir genau, was du mit Rochels Hilfe wiederfinden möchtest.

Eine Übung, um mit Rochel etwas wiederzufinden, was du verloren hast.

- Nimm ein paar tiefe Atemzüge reinen weißen Lichts der positiven Energie der Engel, bis du dich innerlich ruhig fühlst.
- Jetzt betrachte das Bild von Rochel auf Seite 235 ungefähr 30 Sekunden lang und versuche, dich durch die Macht der Liebe und des Lichts mental mit dem Engel zu verbinden.
- Schließ deine Augen und du wirst vor deinem inneren Auge einen Eindruck sehen.
- Sag Rochel innerlich, was du verloren hast, und bitte sie, dass du es wiederfindest, wenn es zu deinem höchsten Wohle ist.
- Rochel wird versuchen, dir einen Hinweis darauf zu geben, was du tun solltest.
- Vielleicht meinst du zu hören, wie Rochel dir erzählt, wie du das wiederfinden kannst, was du verloren glaubst.
- Sei geduldig und versuche es ein paar Mal, wenn es dir schwierig erscheint. Manchmal dauern diese Prozesse ein wenig, bevor sie richtig klappen.
- Denk immer daran, Rochel für ihre Hilfe zu danken.

Eine tägliche Affirmation mit Zuriel für ein Gleichgewicht zwischen Arbeit und Privatleben oder zur rechtzeitigen Entscheidung.

Ein besseres Gleichgewicht zwischen Arbeit und Privatleben. *»Zuriel, mit deiner Hilfe werde ich den Mut finden, das Gleichgewicht zwischen meiner Arbeit und meinem Privatleben zu verbessern. Ab sofort werde ich die notwendigen Schritte unternehmen, denn ich weiß, dass mir das größere Zufriedenheit bringen wird.«*

Die richtige Entscheidung zur richtigen Zeit treffen. *»Zuriel, ich verdiene es, im Leben nichts zu verpassen, sondern Entscheidungen rechtzeitig zu treffen. Sei bei mir, damit ich aufhöre zu zögern. Von jetzt an möchte ich entschiedener sein, zu meinem höchsten Wohle.«*

Farben, Bäume, Blumen und Öle, die dabei helfen, sich auf die Herzthemen der Waage zu fokussieren.

Pflanzen für Zuriel- und Waage-Themen. Esche und Ahorn, Apfelbaum sowie die Äpfel sind mit der Waage verbunden. Als Blumen gehören Rosen, Margeriten und Hortensien in Waagefarben dazu. Ein Strauß dieser Zweige oder Blumen kann helfen, den Fokus auf den Themen dieses Monats zu halten.

Da dies ein Luftzeichen ist, verwende doch die Aromaöle von Rose und Rosenholz für Herzthemen. Die Rose, eine Waageblume und die Blume der Liebe, hat eine den Engeln ähnliche Schwingung – reine positive Liebesenergie – und hilft sie herbeizulocken. Rose öffnet das Herz für die Liebe und Rosenholz arbeitet am Kronenchakra, um deine Verbindung zum Göttlichen zu vertiefen. Da Waage ein Luftzeichen ist, kannst du mit ein paar Tropfen einen Raum parfümieren oder dir etwas auf die Handgelenke reiben, wenn du eine Übung oder Meditation aus diesem Kapitel machen willst.

Die Farben der Waage sind Rosa, Grün, Malvenfarben und Lavendel.

Herrscher der Waage ist Venus. Der Planet Venus wird vom Engel Haniel regiert. Haniel bringt dir tiefes Rosa, die Farbe des Mitgefühls und der bedingungslosen und urteilsfreien Liebe, auch zu dir selbst. Rosa und Grün helfen dem Herzen zu heilen und ins Gleichgewicht zu kommen.

Malvenfarben ist die Mitte zwischen Blau und Rosa. Es verbindet also Herz und Kehle und führt zu Lavendelfarben/Violett – der Farbe des Dritten Auges, dem Fokus auf die Spiritualität. Lavendelblau steht auch für die Heilkraft der Luft.

Steine und Kristalle der Waage sind Rosenquarz, rosa und grüner Turmalin und Amethyst. Du kannst, wenn es dir lieber ist, andere Steine mit ähnlicher Farbe nehmen.

Weiße Federn: ein Zeichen himmelwärts zu schauen für spirituellen Ausgleich und für Führung.

Für spirituellen/physischen Ausgleich sagt Alphun, der Engel der Taube: *Ich bin der Engel der weißen Taube, einem Symbol deiner spirituellen Reise. Wenn du meine Hilfe suchst, werde ich dein Bewusstsein himmelwärts auf das Alles-Was-Ist lenken. Halte nach weißen Vögeln Ausschau, nach kleinen weißen Federn oder nach federähnlichen Wolken – all das sind Zeichen dafür, dass ich mit dir kommuniziere.*

Rufe Alphun. Wenn du Alphuns Hilfe brauchst, sprich: *»Alphun, Alphun, Alphun, ich bin an einen Punkt in meinem Leben gelangt, wo ich deine spirituelle Führung brauche. Bitte schicke mir die Zeichen und zeige mir, wie ich auf dem Weg des Lichtes weitergehen kann, zu meinem höchsten Wohle, höchsten Wohle, höchsten Wohle.«*

Wenn du Alphun gerufen hast, halte Ausschau nach seinen Zeichen: eine Wolke, die wie ein Flügel oder ein Engel geformt ist, eine Taube oder ein Schwan, der vorbeifliegt. Du wirst anfangen, kleine weiße Federn zu finden. Von nun an weißt du, dass du geführt wirst.

Ein Gleichgewicht von Gold und Silber hilft dir, in deine Entscheidungen das rechte Maß an Intuition einfließen zu lassen.

Raphael, der Herrscher der Sonne, schenkt dir goldene Energie. Diese maskuline Energie hilft dir, Entscheidungen zu treffen und zu handeln. Zu viel Gold bedeutet, dass du dich in Entscheidungen stürzt, ohne sie durchdacht zu haben. Wenn du mehr Gold brauchst, sprich: *»Raphael, Raphael, Raphael, bitte hilf mir mit mehr Gold, damit ich die rechten Entscheidungen treffen kann. Zu meinem höchsten Wohle, höchsten Wohle, höchsten Wohle.«*

Silberne Energie kommt von Gabriel, dem Herrscher des Mondes. Dies ist die feminine Energie, die deine Intuition stärkt und dich ermutigt, dein Tun mit ausreichend Nachdenklichkeit und »Bauchgefühl« zu versehen. Zu viel Silber bedeutet, dass du Entscheidungen zu lange hinauszögerst. Wenn du es brauchst, bitte Gabriel um mehr Silber: *»Gabriel, Gabriel, Gabriel, bitte schenke mir Silber, um meine Intuition zu stärken, damit ich die richtigen Entscheidungen treffen kann. Zu meinem höchsten Wohle, höchsten Wohle, höchsten Wohle.«*

Möglichkeiten, alte Muster aufzulösen, die deinem Erfolg im Wege stehen. Gehörst du zu den Menschen, die immer wieder die gleichen Fehler machen?

Ruhiel sagt:
Ich bin der Atem der vier Winde. Ruf mich zu Hilfe, um dir das heilende Element meines kalten Nordwindes zu bringen. Mit dem entsprechenden Willen und richtiger Absicht kann diese Kraft Programmierungen deines Verstands isolieren und entfernen.

Wenn diese Botschaft für dich zu sein scheint, ruf Ruhiel in dein Leben. *»Ruhiel, Ruhiel, Ruhiel, bitte bring mir die Essenz des Nordwindes, um Programmierungen aus meinem Verstand zu isolieren und zu entfernen, die mich immer wieder die gleichen Fehler machen lassen. Möge ich jetzt und immer frei davon sein. In Liebe und Licht, Liebe und Licht, Liebe und Licht.«*

Auf Seite 138 findest du Hinweise für Ruhiels Hilfe mit anderen Winden.

Um voll Stärke, Harmonie und Gleichgewicht im Leben zu stehen, rufe die Engel der vier Richtungen des Universums: Gabriel (Norden), Uriel (Süden), Michael (Osten) und Raphael (Westen). Dieses einfache Ritual dauert nur eine Minute. Es verwendet das alte Symbol des gleichschenkligen Kreuzes mit dem Herz in der Mitte.

- Halte deine Arme ausgestreckt, so wie auf der Abbildung, und sprich die folgende Invokation:
»Gabriel, Gabriel, Gabriel,
Uriel, Uriel, Uriel,
Michael, Michael, Michael,
Raphael, Raphael, Raphael,
seid in mir, seid bei mir, seid Teil von mir und ich von euch.
Stellt mich voll Stärke, Harmonie und Gleichgewicht in das Leben.
Für immer.
In Liebe und Licht, Liebe und Licht, Liebe und Licht.«
- Vielleicht spürst du, wie Energie durch deine Arme in dein Herz fließt.
- Denk daran, allen Engeln für ihre Hilfe zu danken.

Die Waage wird von der Venus regiert. Haniel, die Herrscherin der Venus, kann dich zu mitfühlender Liebe führen.

Um dir selbst oder jemand anderem zu helfen. Wenn dein eigenes Herz in Bedrängnis ist (oder du jemanden in dieser Situation kennst), rufe Haniel mit Worten wie: »*Haniel, Haniel, Haniel, bitte bring mir deine liebevolle Hilfe, um mein Herz (oder das Herz jener Person) zu heilen und wieder Freude in mein Leben zu bringen. In Liebe und Licht, Liebe und Licht, Liebe und Licht.*«

Wenn du diese Invokation machst, um jemand anderem zu helfen, solltest du die Person immer erst um Erlaubnis fragen. Wenn du dies nicht tust oder dein Hilfsangebot abgewiesen wird, kommt die Energie in Form von Liebe zu dir zurück. Die Energie von Turmalin hilft auch, das Herz zu heilen, besonders wenn er grün und rosa (sog. Elbait) ist. Gib dem Menschen, dem du helfen möchtest, solch einen kleinen Stein und erkläre, dass er ihn tragen soll, bis sich sein Herz getröstet fühlt.

Um etwas direkt und ohne Vorurteile anzugehen.

Hadakiel, ein Engel der Gerechtigkeit, spricht:
Ich zeige dir meine goldenen Waagschalen der Gerechtigkeit, aber bitte verwechsle Gerechtigkeit nicht mit der falschen Art des Urteilens. Vielleicht urteilst du zu hart über dich selbst und andere? Vielleicht hältst du dich für direkt und geradeheraus, aber andere empfinden dich eher als rigide oder intolerant. Wenn du meinst, die Beschäftigung mit diesem Thema könnte dein Leben verbessern, so ruf mich um Hilfe, bevor du den Mund aufmachst.

Invokation Hadakiels: *»Hadakiel, Hadakiel, Hadakiel, bitte sei jetzt bei mir, um mir zu raten, bevor ich rede. Halte mich davon ab, etwas zu sagen, was ich hinterher bereuen könnte, und hilf mir, meine Ansichten taktvoll zu äußern. In Liebe und Licht, Liebe und Licht, Liebe und Licht.«*

Die Waage wird von Venus regiert. In dieser Meditation mit Dunkelrosa hilft dir Haniel, dich ganz der Liebe und dem Mitgefühl zu öffnen, für dich selbst und für andere.

- Schließ deine Augen, beginn, reine, weiße Energie einzuatmen und alle negativen Emotionen auszuatmen, bis du dich entspannt fühlst.
- Ruf Haniel: *»Haniel, Haniel, Haniel, ich bitte dich, mir magentafarbenes Licht zu schenken, damit die Kraft deines liebevollen Mitgefühls in mich fließen und mich trösten kann, zu meinem höchsten Wohle. In Liebe und Licht, Liebe und Licht, Liebe und Licht.«*
- Stell dir vor, dass du dieses Licht einatmen kannst und es mit jedem Atemzug tiefer in dich ziehst, bis zu deinem Herzen.
- Sieh dein Herz als eine Blume, zum Beispiel eine rosa Rose.
- Wenn andere dein Mitgefühl brauchen, sieh sie innerlich im Herzen der Rose zwischen den Blütenblättern.

- Wenn das magentafarbene Licht dein Herz erreicht, ergießt es sich in die Rose und erreicht die Person, die du dorthin gestellt hast.
- Das magentafarbene Licht wird dann von der Rose deines Herzens weiter in Körper und Geist ausstrahlen und alles mit warmem Mitgefühl erfüllen.
- Wenn du weiter die rosa Energie ein- und ausatmest, bildet sie allmählich Lichtflügel um dich herum.
- Vielleicht spürst du diese Energie sogar als ein leichtes Kribbeln.
- Danke Haniel für ihre Hilfe.
- Wiederhole diese Übung so oft du magst, um die Magenta-Flügel mit Haniels liebevoller Hilfe zu erneuern.

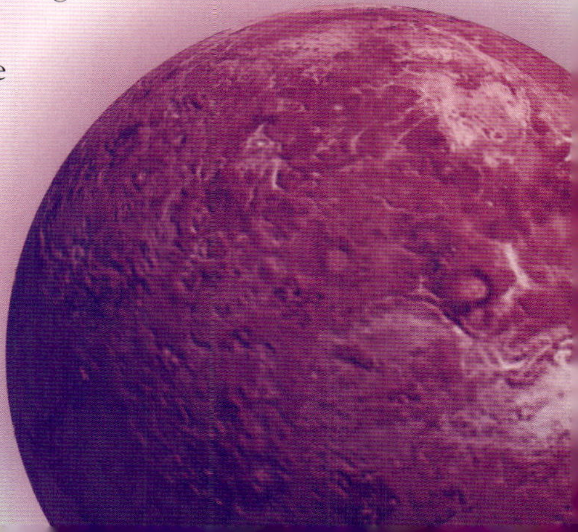

Sadriel und Eth retten den Tag

»Ich hatte eine Prüfung vor mir und war nervös. Ich fuhr zeitig hin, um einen Parkplatz finden zu können. Nach geraumem Suchen fand ich schließlich einen. Ich parkte ein und brauchte dann noch eine Weile, um eine große, vierspurige Straße zu überqueren. Als ich schließlich auf das Prüfungsgebäude zuging, sah ich auf einem Schild, dass man in dieser Gegend nur eine Stunde lang parken darf. Ich wusste, die Prüfung dauerte zwei Stunden und mir wurde übel bei der Erkenntnis, dass ich zu spät kommen würde, wenn ich jetzt noch einmal auf Parkplatzsuche ginge.

Ich rief alle sieben Erzengel und bat auch Eth und Sadriel darum, während meiner Prüfung auf mein Auto aufzupassen. Ich hatte ein schlechtes Gewissen, sie um etwas zu bitten, was ich selbst hätte tun müssen. Nach der Prüfung stellte ich fest, dass alle parkenden Autos Strafzettel hatten. Nun, dachte ich, dann musst du eben die Konsequenzen deiner Dummheit tragen. Doch als ich zu meinem Wagen kam, hing wundersamerweise kein Zettel dran! Ich konnte es kaum fassen – die Engel hatten wirklich für mich gesorgt. Ich hätte nicht gedacht, dass ich mein Auto auf diese Weise schützen könnte. Ich dankte überschwänglich und spürte plötzlich ein großes weißes Licht voller Liebe und Lachen um mich herum. Ich muss heute noch lächeln, wenn ich daran denke.«

(von Wei Tang Phillips aus Herne Bay, England)

Engel und Aura

»Ich verwende mindestens zwei Mal die Woche Angelas CD (Angelic Meditations for Harmony and Balance) zum Meditieren, denn sie hilft mir, mich zu entspannen und zu beruhigen und die Engel können mit ihrer Hilfe alles Negative verbannen. Am Anfang der Meditation kribbelt es in meinen Händen wie sanfte Nadeln. Allmählich breitet sich ein Gefühl der Wärme durch meinen Körper aus, bis zu meinen Zehenspitzen. Mein Körper fühlt sich an, als pulsiere er und leuchte von dem Licht, das ich eingeatmet habe. Ich spüre, dass die Engel um mich herum stehen und meine Aura reinigen. Wenn ich tief in Meditation bin, fühlt sich mein Körper ganz schwer an und mein Kopf ist auf das Kissen gesunken. Ich beginne, mich von meinem physischen Körper losgelöst zu fühlen – ich scheine nichts mehr bewegen zu können. Mein Verstand kann zwar den Zeigefinger bewegen wollen, aber ich fühle nicht, ob er es tut. Wenn ich aus der Meditation in meinen Körper zurückkehre, kehrt auch das Empfinden zurück. Es beginnt mit einem Kribbeln in meinen Zehen und Fingern. Nach der Meditation fühle ich mich, als würde ich schweben. Ich bin erfrischt und besser gelaunt.
Durch die regelmäßige Übung von Angelas Meditation bin ich meinem Schutzengel Katherine begegnet. Je öfter wir uns in Meditation begegnen, desto mehr bin ich in der Lage, Katherine in meinem täglichen Leben zu spüren. Zu wissen, dass sie bei mir ist, verleiht mir Sicherheit und Geistesgegenwart.«

(von Vicki Grady aus Liverpool, England)

Oktober/November

Bei neuen Unternehmungen das Risiko minimieren und das Glück maximieren.

Barakiel, der Engel des Skorpion

Ich bin die goldene Kraft, mit der du Chancen und Risiken kalkulieren kannst, was Menschen angeht, Unternehmungen oder Situationen, denn ich schenke dir positive Energie und Glück für Denkkraft und um deinen besten Weg nach vorne zu erkennen. Mein Rat hilft dir, deine wertvolle Energie nicht zu vergeuden, indem du falschen Optionen folgst oder den falschen Menschen traust, denn davon hängt viel ab. Meine korallefarbenen und blaugrünen Farben schützen dich, während ich dich dränge, die richtigen Fragen in Ruhe zu stellen. Willst du die Wahrheit kennen lernen, richte diese Fragen an dich selbst und an andere. Malvenfarben hilft dir, deinen siebten Sinn zu entwickeln. Denk immer, bevor du handelst, denn für langfristiges Glück brauchst du Integrität und rechtes Handeln.

Skorpion, ein Wasserzeichen, wird von dem geheimnisvollen Planeten Pluto regiert. Ariel, der Herrscher des Pluto, lehrt uns, den Schleier zwischen den Welten zu durchdringen.

Dieser Monat ist für all jene, die neue Unternehmungen erwägen und wichtige Möglichkeiten abschätzen müssen. Barakiel führt dich, um Risiken zu minimieren und Erfolg und Glück zu maximieren. Andere Engel des Monats raten, dass es Zeit sei, in Gang zu kommen, denn du hast bemerkenswerte Talente, die du mit ihrer Hilfe zum Ausdruck bringen kannst. Ariel schenkt dir eine stärkere mediale Wahrnehmung.
Die Engel helfen dir, dein Herz zu heilen und deine Gedanken zur Ruhe zu bringen. So kannst du herausfinden, ob die neuen Unternehmungen dir helfen, dein wahres Lebenspotential zu erfüllen.

Auf der gegenüberliegenden Seite findest du eine Liste von persönlichen Qualitäten. Wenn einer der Begriffe deine Bedürfnisse besonders anspricht, können dir die Engel dieses Monats sicher helfen.

Persönliche Qualitäten des Zeichens Skorpion und des Engels Barakiel:

Scharfsinnigkeit, Einschätzung von Situationen, Ehrgeiz, Verwirklichung deines wahren Potenzials.

Die Engel der Elemente bieten dir diese Stärken des Wassers:

Mentale Ruhe, Heilung des Herzens, die Kraft des Wassers.

Ariel, der Herrscher des Pluto beeinflusst:

Mediale Wahrnehmung und Entwicklung, Erweiterung des spirituellen Bewusstseins.

Arbeite mit Barakiel an einem Thema deiner Wahl.

Wähle aus der Liste der vorherigen Seite ein Thema aus, bei dem du gerne die Engel um Hilfe bitten möchtest. Dann verwandle dies in eine Invokation, z.B.: *»Barakiel, Barakiel, Barakiel, bitte hilf mir bei ... (setz den Begriff ein, den du ausgewählt hast, z. B. meiner Fähigkeit, Situationen einzuschätzen). In Liebe und Licht, Liebe und Licht Liebe und Licht.«*

In den vorigen Kapiteln habe ich erklärt, wie du den Engel anrufen kannst, dessen Hilfe du brauchst, und wie du die Antwort des Engels spüren kannst. In diesem Fall erwartest du die Antwort Barakiels. Achte darauf, wie sie sich anfühlt. Denk daran, jeder Engel fühlt sich ein bisschen anders an.

Übe diese Invokationen. Am besten lernst du sie auswendig, damit du den Engel deiner Wahl so oft wie möglich anrufen kannst.

Zwei positive Affirmationen mit Barakiel für Skorpion-Themen.

Wenn du die Anrufung Barakiels gemeistert hast, kannst du eine Affirmation hinzufügen, um das, was du erreichen willst, mit reichlich positiver Energie auszustatten. Auf dieser Seite werden einige Beispiele aufgeführt, die du nach Belieben verändern oder ergänzen kannst. Wichtig ist, dass du sie täglich wiederholst, denn damit förderst du positive Ereignisse in deinem Leben.

Um dich auf die richtige Unternehmung einzulassen: *»Barakiel, mit deiner Hilfe kann ich bei zukünftigen Unternehmungen das Risiko in Bezug auf Menschen und Projekte besser abschätzen. Bevor ich mich darauf einlasse, werde ich sie gründlich und aufrichtig überprüfen.«*

Um Chancen zu erkennen und wahrzunehmen: *»Barakiel, ich werde alle neuen Möglichkeiten der Selbstentwicklung gründlich und entschlossen überprüfen und keine Chance auslassen, denn mein Herz hat die Kraft, für den richtigen Zweck viel erreichen zu können.«*

Entdecke mit Parasiel, dem Engel der verborgenen Schätze, deine Talente für neue, ehrgeizige Unternehmungen.

Parasiel spricht:
Ich bin das helle Licht, das tief aus dir heraus leuchtet, der Schatz deiner wahren Talente und Fähigkeiten, die du durch deine Lebensumstände tief in dir vergraben hast. Glücklicherweise sind sie nicht verloren. In deinem Herzen sind das Wissen und die Liebe, die du brauchst, um deinen persönlichen Schatz neu zu heben. Bitte um meine Hilfe, um dein Herz nach innen zu wenden, denn es ist Zeit, diese Talente ans Tageslicht zu bringen. Sei guten Mutes, denn sie befähigen dich, neue Herausforderungen anzunehmen, die dein Leben bereichern.

Rufe Parasiel mit den Worten: *»Parasiel, Parasiel, Parasiel, ich weiß in meinem Herzen, dass ich meine Talente vergraben habe, doch ich brauche Selbstvertrauen, um sie wieder zu holen. Mit deiner Hilfe kann ich sie wieder finden und mein Leben bereichern. In Liebe und Licht, Liebe und Licht, Liebe und Licht.«*

Skorpion ist ein Wasserzeichen. Die Wasserengel Phuel und Haurvatat leiten dich zur Ruhe des Denkens.

Haurvatat, der Schutzengel der Flüsse, rät dir, mehr mit dem Fluss zu gehen. Wenn du Haurvatats Hilfe brauchst, sprich: *»Haurvatat, Haurvatat, Haurvatat, bitte hilf mir, intuitiver zu sein und mehr wahrzunehmen, damit ich mehr mit dem Fluss des Lebens gehen kann, wenn es für mich gut ist. In Liebe und Licht, Liebe und Licht, Liebe und Licht.«*

Phuel, der Fürst des Wassers, erinnert dich daran, dass Wasser Gefühle beruhigt. Sprich: *»Phuel, Phuel, Phuel, bitte schenke mir die beruhigende Kraft des Wassers, um meine Gefühle zu stabilisieren. Zu meinem höchsten Wohle, höchsten Wohle, höchsten Wohle.«*

Wasser kann auf vielfältige Weise verwendet werden. Auf Seite 266 findest du mehr Möglichkeiten, Wasser für Skorpion-Themen einzusetzen.

Haniel hilft dir, dein Herz zu heilen, wenn du dem falschen Menschen vertraut hast.

Haniel, der Engel der Liebe, steht mit den Korallen in Verbindung, die zum Skorpion gehören. Wenn du in der Liebe enttäuscht wurdest, besorg dir ein kleines Stück rosa Koralle und programmiere sie mit den Worten: *»Haniel, Haniel, Haniel, ich bitte dich, mir zu helfen, diese Koralle mit der Macht der Liebe zu programmieren, um mein Herz zu trösten und zu heilen. Bitte lass den Heilungsprozess weitergehen, wenn ich diese Koralle bei mir trage, bis mein Herz wieder bereit ist, sich für eine neue Liebe zu öffnen, zu meinem höchsten Wohle, höchsten Wohle, höchsten Wohle.«*

Für mehr Fokus. Wenn du einen rosafarbenen oder rosa-grünen Schal hast und eine Kerze in der gleichen Färbung, kannst du deine Koralle auf den Schal legen und ein paar Tropfen Rosenöl in eine Duftlampe geben oder auf deine Handgelenke tupfen. Rosenduft steht besonders mit dem Herzen in Verbindung. Zünde deine Kerze an, sprich die Invokation und schließ deine Augen. Warte bis Haniel kommt und dir hilft, dein Herz zu heilen. Danke den Engeln für ihre liebevolle Hilfe.

Wie du die Rot-, Blau- und Malventöne einsetzen kannst, die für Barakiel und Skorpion typisch sind.

Die Farben und Steine des Skorpion sind Dunkelrot, Koralle, Malvenfarben und Blaugrün. Zu den entsprechenden Steinen gehören Rubin, Karneol, Amethyst und Koralle. Koralle ist ein Glücksbringer. Bei Invokationen mit Wasserengeln kannst du auch Aquamarin verwenden. Andere Steine mit ähnlichen Farben sind für die Übungen dieses Kapitels ebenfalls möglich.

Burgunderrot und Koralle. Dunkle Rottöne schenken dir die Energie und Vitalität, die du brauchst, während dir Koralle die Möglichkeit der Veränderung oder Lebenstransformation schenkt. Trage Koralle (als Farbe oder Stein), wenn du neue Projekte erwägst.

Der Herrscher des Skorpion ist der geheimnisvolle Pluto. Plutos Herrscher ist Ariel, der Engel der Magie der Erde und der Luft. Die Amethystfarben Ariels verleihen dir mediale Wahrnehmung in Bezug auf Menschen oder Situationen. So kannst du sowohl mit dem Herzen als auch mit dem Kopf denken und eine ausgewogene Entscheidung fällen.

Die Pflanzen des Skorpions. Buchsbaum, Haselnuss und Beerensträucher gehören zu diesem Monat. Ein Strauß roter, korallenfarbener oder malvenfarbener Blumen – z.B. Storchschnabel, Astern und Chrysanthemen – erinnert dich daran, Barakiel und die anderen Engel dieses Kapitels zu rufen.

Aromaöle zur Heilung. Du kannst auch Pflanzen verwenden, die von Anahita auf Seite 267 vorgeschlagen werden. Sie heilen die Energiezentren, die mit den Skorpionfarben in Verbindung stehen.

Gabriel, der Herrscher des Mondes, bietet dir silberne Mondenergie an, um deine Intuition zu stärken, wenn du verschiedene Möglichkeiten abwägst. Diese Übung hilft dir, ausgewogener zu werden, falls du dazu neigst, übereilte Entscheidungen zu treffen (Gold) und mehr Intuition (Silber) brauchst.

- Schließ deine Augen, beginne reine, weiße Energie tief einzuatmen und alle negativen Emotionen auszuatmen, bis du anfängst, dich zu entspannen.
- Sei dir bewusst, dass du sowohl goldene Energien brauchst (den maskulinen, aktiven, entschlossenen Aspekt) als auch silberne (den femininen, gefühlsbetonten, intuitiven Aspekt).
- Nun rufe Gabriel: »*Gabriel, Gabriel, Gabriel, ich bitte dich um die Kraft des Mondes und des Silbers. Mögen sie in mein Herz fließen. In Liebe und Licht, Liebe und Licht, Liebe und Licht.*«

- Jetzt stell dir vor, du kannst einen tiefen Atemzug von der silbernen Kraft des Mondes nehmen.
- Atme sie tief in deinen Körper und stell dir vor, wie in dir der Ausgleich zwischen goldener und silberner Energie stattfindet.
- Beim Ausatmen sage: *»Ich atme einen silbernen Stern um mich herum, um meine Intuition zu stärken. Hilf mir, die Dinge zu durchdenken, bevor ich handle und lenke mein Handeln zu meinem höchsten Wohle.«*
- Vielleicht kannst du diesen Energiestern um dich herum spüren. Er wird wahrscheinlich ungefähr 36 bis 48 Stunden lang halten, dann musst du ihn erneuern.
- Übe dies so oft wie nötig und bitte um Gabriels liebevolle Unterstützung, um ausgewogen zu handeln. Vergiss nicht, Gabriel zu danken.

Phuel, Fürst über die Wasser der Erde, bietet dir unterschiedliche Erscheinungsformen von Wasser an, um deine Bestrebungen zu unterstützen. Ein Aquamarin kann dir helfen, Phuel bei diesen Invokationen näher zu sein.

Um dir die Schubkraft für ein neues Unternehmen zu geben. Phuel verleiht dir die Kraft des Dampfes, um dich in einer Situation voranzutreiben. Sprich: *»Phuel, Phuel, Phuel, bitte stärke mich mit der Energie des Dampfes, um diese Situation zu meinem höchsten Wohle vorwärts zu treiben. In Liebe und Licht, Liebe und Licht, Liebe und Licht.«*

Um eine Situation vorübergehend »einzufrieren«. Rufe Phuel auch, wenn du das Gegenteil brauchst, z.B. eine Pause in einer Entwicklung, die dir ermöglicht, einen Überblick zu gewinnen und Entscheidungen zu treffen. Sprich: *»Phuel, Phuel, Phuel, bitte gib mir deine Eis-Energie, um diese Situation einzufrieren, damit ich sie zu meinem höchsten Wohle überprüfen kann. In Liebe und Licht, Liebe und Licht, Liebe und Licht.«*

Um mit Phuels Hilfe Gefühle zu beruhigen, siehe Seite 260.

Ausgleich und Stärkung deiner Energie durch Aromaöle.

Anahita, der Engel der Heilpflanzen, spricht:
Ich schenke die Liebe, die den Pflanzen beim Wachsen und Blühen hilft. Meine Flügel erheben die Samen, damit sie sich verbreiten können und sich die Heilungsmöglichkeiten vervielfältigen. Meine silberne Energie vereint diese Kraft mit dem Wasser der Liebe und des Lebens, um Heilmittel zu erzeugen, die deinen Körper heilen, ausgleichen und energetisieren helfen.

Lass zwei oder drei Tropfen eines passenden Öls in einer Wasserschale verdunsten, während du Übungen oder Meditationen machst, die mit den Energiezentren dieses Skorpion-Monats zu tun haben. (Wenn du schwanger bist, informiere dich, bevor du mit Aromaölen arbeitest.)

Rot für das untere Ende der Wirbelsäule (Energie/Stärkung): Patschuli und Vetivergras sind sowohl erdend als auch stärkend.
Orange für den Nabelbereich (Transformation/neue Ideen): Neroli stärkt die Kreativität, Orangenöl bringt Freude, Sandelholz wirkt spirituell.
Rosa (auch korallenrosa) für das Herz (auch Heilung): Rosenöl hilft dir, dich mit den Engeln zu verbinden.
Malvenfarben für die Stirn (mediale Wahrnehmung): Wacholder reinigt, Muskatellersalbei hilft, sich an Träume zu erinnern und Lavendel wirkt beruhigend, reinigend und ausgleichend.

Ariel, der Engel des Pluto, führt dich in medialen und spirituellen Angelegenheiten.

Sichere mediale und spirituelle Entwicklung. Die Farben dafür sind Malve und Violett. Der wichtigste Stein ist Amethyst, denn er bildet eine Brücke zwischen der Unterwelt und der Überwelt sowie anderen Dimensionen und Wirklichkeiten. Dieser Kristall steht mit Ariel, dem Engel der Luft, in Verbindung. Wenn du einen Amethyst hast, halte ihn in der Hand oder trage ihn bei dir, wenn du um Ariels Liebe und Schutz bittest.

Um Ariel um Hilfe zu bitten. Sprich: *»Ariel, Ariel, Ariel, ich bitte dich, hilf mir bei der sicheren Entwicklung meiner medialen Fähigkeiten. Hilf mir, die Kraft des Violett in mein Drittes Auge zu lenken, denn ich möchte meine intuitive Wahrnehmung stärken, um meine Entwicklung zu meinem höchsten Wohle zu leiten.«*

Auf Seite 272/273 findest du eine weitere Meditation mit Ariel.

Die Engel helfen dir, bei deinen neuen Unternehmungen integer zu bleiben.

Zadkiel, der Engel der Integrität und Weisheit. Zadkiel, der Engel des Jupiter, hilft dir, deine Prinzipien und deine Integrität in schwierigen Situationen aufrechtzuerhalten. Wenn du dabei gerade Hilfe brauchst, sprich: »*Zadkiel, Zadkiel, Zadkiel, gib mir die Weisheit, zu erkennen, wie ich mit Integrität in dieser Situation weitermachen kann. In Liebe und Licht, Liebe und Licht, Liebe und Licht.*« Sag dies jeden Tag, bis die Schwierigkeiten überstanden sind.

Arad, der Engel der Überzeugungen. Arad hilft dir, bei neuen Unternehmungen deinen Idealen und Prinzipien treu zu bleiben. Wenn du etwas überprüfst und seine Hilfe brauchst, ruf ihn, bis du deine Überprüfung abgeschlossen hast, mit den Worten: »*Arad, Arad, Arad, bitte hülle mich mit positiver Energie in deine Schwingen, wenn ich Entscheidungen über meine Entwicklung treffe, damit ich nur zu meinem höchsten Wohle wirke. In Liebe und Licht, Liebe und Licht, Liebe und Licht.*«

Duma hilft dir, den Ruhepunkt in dir zu finden und deine wahren Ambitionen zu erkennen, die dich glücklich machen können.

Dumas Botschaft lautet:
Aus der großen Leere, dem Ursprung allen Lebens, schwebe ich auf meinen goldenen Flügeln herbei. Mein ist die Kontemplation, denn ich kann auch dich zu dem Ruhepunkt im Herzen deines Herzens bringen, dem stillen Kern deines Seins, in dem alles bekannt ist, wenn auch noch nicht verstanden. Lass mich dir helfen, damit du dein Herz über deine Zukunft befragen kannst.

Wenn Dumas Botschaft in dir eine Resonanz erzeugt, rufe ihn mit den Worten: *»Duma, Duma, Duma, bring mich an meinen Ruhepunkt, an den Ort vollkommenen inneren Friedens in mir, damit mir mein Herz bei dieser für meine Zukunft so wichtigen Entscheidung helfen kann. In Liebe und Licht, Liebe und Licht, Liebe und Licht.«*

Jetzt schließ deine Augen und atme Dumas goldenes Licht tief in dich ein. Wenn du dich ruhig fühlst, geh an diesen besonderen inneren Ort und nimm wahr, was dir dein Herz zu sagen hat.

Ariel, Herrscher über Erde, Luft und den Planeten Pluto, bietet dir diese violette Übung an, um deine medialen Fähigkeiten zu stärken und dein spirituelles Bewusstsein zu erweitern.

- Halte einen Amethyst in der Hand (wenn du einen hast), um ihn während der Meditation zu programmieren.
- Schließ deine Augen, beginne, reine, weiße Energie tief einzuatmen und alle negativen Emotionen auszuatmen, bis du anfängst, dich zu entspannen.
- Dann rufe Ariel mit den Worten: *»Ariel, Ariel, Ariel, bitte schenk mir Zugang zu dem violetten Strahl der Magie und des Mysteriums. In Liebe und Licht, Liebe und Licht, Liebe und Licht.«*
- Stell dir vor, dass du dieses violette Licht einatmen kannst. Mit jedem Atemzug ziehst du es tiefer in dich hinein, bis du ganz davon erfüllt bist.
- Sende es durch deine Füße in die Erde und oben durch deinen Scheitel in die Luft – so bist du mit der oberen und der unteren Welt verbunden.
- Sende das Licht nun zu deiner Stirn, zum Dritten Auge. Dies ist das mediale Energiezentrum des Körpers.

- Sprich: »*Ariel, Ariel, Ariel, ich bitte dich um deinen Rat und deinen liebevollen Schutz. Stärke mein inneres Wissen mit dem violetten Strahl. Hilf mir zu verstehen, wie ich meine medialen Fähigkeiten sicher entwickeln und mein spirituelles Bewusstsein erweitern kann, zu meinem höchsten Wohle, höchsten Wohle, höchsten Wohle.*«
- Warte auf den Rat Ariels. Er kann unmittelbar kommen oder als eine Synchronizität, die dich darauf hinweist, was als Nächstes zu tun ist.
- Du hast immer die Wahl, ob du dem von Ariel vorgeschlagenen Weg folgen willst oder nicht.
- Trag den Kristall bei dir (wenn du einen verwendet hast), bis dein Weg klar ist.

Einer geliebten Seele auf die andere Seite helfen

»Vor kurzem wurde meine geliebte Katze, Miss Doogle, krank. Leider war die Krankheit unheilbar und ich nahm sie mit nach Hause, um mich von ihr zu verabschieden. Ich rief sofort die Engel, wie ich es in den Büchern von Angela gelernt habe, ›in Liebe und Licht, Liebe und Licht, Liebe und Licht‹, um Trost und Heilung zu finden. Ich wusste, ich musste Miss Doogle loslassen, aber es fiel mir schwer und ich brauchte Hilfe. Ich bat darum, dass sie getröstet werde und weil ich auch nur menschlich bin, bat ich um Heilung. Die Engel wussten, was vonnöten war. Die Heilung, die Miss Doogle erhielt, befreite sie von Schmerzen und bei mir heilten sie das Loch in meinem Herzen, das dort gerade entstehen wollte. Es kamen Heerscharen von Engeln. Mein herzzerreißendes Schluchzen wich einem Gefühl der inneren Ruhe. Ich wusste, sie waren da.

*Die nächsten 36 Stunden verbrachte ich in Gebet und Meditation. Ich legte heilende Musik auf und sprach mit Miss Doogle. Ich erzählte ihr, wie sehr ich sie liebe und wie ich sie vermissen würde. Viele gemeinsame Erinnerungen stiegen auf und ich dankte ihr für ihre Freundschaft. Ich habe so viel von ihr gelernt und ich war dankbar. Während dieser Stunden spürte ich die ganze Zeit den Frieden der Engel – es war ein Gefühl und ein Wissen, denn ich glaube an sie. Ich bat Raphael um heilenden Trost und Rachmiel um Hilfe bei meinem Kummer.**

Auf dem Weg zu dem endgültigen Tierarzttermin konnte ich die Engel beinahe sehen, wie sie neben dem Auto herflogen. Sie waren auch im Wagen und sie waren ganz deutlich in dem Raum in der Arztpraxis, wo ich mit Miss Doogle sprach. ›Lass los, mein Liebling‹, sagte ich. ›Du darfst gerne ins Licht gehen und wiedergeboren werden. Die Engel erwarten dich und führen dich in den Himmel. Geh in Frieden und Liebe.‹
Als der Tierarzt die Spritze ansetzte, hob Miss Doogle den Kopf und schaute auf. Ich wusste, sie wurde abgeholt. Noch bevor das Mittel richtig wirkte, legte sie ihr liebes Köpfchen nieder und ihre Seele entschwebte mit den Engeln.
Danke, Engel!«
(von Bobbi Malanowski aus Dallas, Texas, USA)

*(*man könnte in dieser Situation auch Hariel, den Engel der Haustiere rufen. – Die Autorin)*

Nach den Sternen greifen und persönliche Horizonte erweitern.

Adnachiel, der Engel des Schützen

Mein goldener Pfeil ist bereit, deinen Blick auf neue, spannende Horizonte zu lenken. Ich schenke dir die herrliche Chance der Erweiterung durch Vision und Aktion, um deine Träume zu verwirklichen. Wo auch immer du auf deinem Lebensweg stehst, es gibt immer Raum zur Selbstentfaltung. Als Erstes brauchst du Optimismus, um die Kraft der Vision zu nähren, dann Entschlossenheit und Ausdauer, um die Vision zu verwirklichen. Mein reines, goldenes Feuer der Leidenschaft unterstützt deine Sehnsucht und meine Liebe untermauert deine Träume von einem anderen Leben. Meine Energie und Jupiters tiefe Weisheit bringen Fülle und Klarheit in diese Träume und heben sie in den Himmel. Wenn dein Herz bei der Sache ist, gibt es für dich keine Grenzen außer dem Himmel. Ich gebe dir die Chance, mit mir in das Blau zu fliegen, in eine klarere, hellere und erfüllendere Zukunft.

Schütze, ein Feuerzeichen, wird von Jupiter regiert, dem Planeten der Freude und Fülle. Der Herrscher des Jupiter ist Zadkiel, der alle Arten von Überfluss bringt.

In diesem letzten Monat des Jahres ist es Zeit, sowohl zurück als auch nach vorne zu schauen. Sonnenengel heben deine Stimmung, wenn du es brauchst, denn im Schützen liegt die Freiheit zu weiterer Selbstentfaltung und/oder du kannst auf dem aufbauen, was du in diesem Jahr erreicht hast. Adnachiel zeigt dir nicht nur, wie du eine Vision für das nächste Jahr entwickeln kannst, sondern auch, wie du sie verwirklichen kannst. Zadkiel, der Herrscher des Jupiters, verweist dich auf deine innere Integrität und schenkt dir die Fülle, die du brauchst, um die Dinge fließen zu lassen. Andere Engel führen dich bei diesen herrlichen Aussichten auf die Erweiterung deiner inneren und äußeren Horizonte.

Betrachte die Liste der persönlichen Qualitäten auf der gegenüberliegenden Seite. Gibt es etwas darunter, was du zur Zeit in deinem Leben brauchst? Die Engel sind immer da, um dir zu helfen, aber es ist deine Entscheidung, ob du sie einlädst oder nicht.

Persönliche Qualitäten des Zeichens Schütze und des Engels Adnachiel:
Optimismus, Kraft der Vision und Aktion, Realismus, Freiheit zur Expansion persönlicher und spiritueller Horizonte.

Die Engel der Elemente bieten dir diese Stärken des Feuers:
Innere Blockaden gegen deinen Fortschritt wegbrennen, Sonnenkraft, um im Winter deine Stimmung zu heben.

Zadkiel, der Engel des Jupiter, bewirkt:
Eine Menge von jeder Qualität, die du zu deinem höchsten Wohle brauchst.

Adnachiel hilft dir, in Gang zu kommen.

Lies zuerst die Engelsbotschaften auf den Seiten 277/278 und entscheide dich, ob sie für dich zutreffend sind. Wenn ja, betrachte die Begriffe von Seite 279 und wähle einen Begriff aus, mit dem du anfangen möchtest. Verwandle ihn nun in eine Invokation: *»Adnachiel, Adnachiel, Adnachiel, bitte hilf mir bei ... (füge den Begriff ein, den du dir ausgesucht hast, z. B. meinem Optimismus). In Liebe und Licht, Liebe und Licht, Liebe und Licht.«*

Wenn du das Buch durchgearbeitet hast, weißt du bereits, wie du deine Hände vor dich halten kannst, um die Antwort der Engel spüren zu lernen.

Wenn dir dies neu ist, lies in den vorherigen Kapiteln nach (z.B. S.16/17), und probier es einfach, denn du kannst es auf jeden Fall lernen, die Gegenwart der Engel zu spüren.

Wenn sich die Schwingung um dich herum verändert, knacken dir vielleicht ein wenig die Ohren.

Am Anfang mag es dir schwer fallen, die Engelenergie zu fühlen. Probiere verschiedene Anrufungen, um dich an die Vorstellung zu gewöhnen und den energetischen Unterschied zwischen den Engeln zu spüren.

Wenn du in deinen Invokationen und deiner Arbeit mit den Engeln besser wirst, hebst du deine eigene Schwingung allmählich näher an die Engel. Dann spürst du auch leichter ihre Präsenz, wenn du mit ihnen redest.

Du wirst allmählich immer feinere Energien wahrnehmen. Manche Menschen sehen mit einiger Übung auch Bilder.

Behandle die Engel wie geliebte, vertrauenswürdige Freunde, denn das sind sie auch.

Sahaqiel, der Engel des Himmels, erweitert deinen Horizont gen Himmel und darüber hinaus.

Sahaqiel spricht:
Fliege mit mir himmelwärts, auf güldenen Schwingen schweben wir ins himmlische Blau, wie eine goldene Taube auf dem Weg zu Vater Sonne. Allmählich werden alle meine Geheimnisse offenbar werden, denn nur der Himmel ist deine Grenze, wenn deine Energie und deine Begeisterung deinen Geist frei setzen. Du musst erkennen, dass die Erweiterung des Horizonts ein zweiteiliger Prozess ist. Als Erstes musst du dir des physischen Horizonts deiner Welt bewusst sein, damit du die Möglichkeiten deiner Aktivitäten wertschätzen kannst. Erst dann kannst du wahrhaft dein inneres Bewusstsein erweitern, um der Herausforderung neuer Horizonte zu begegnen.

Wenn dies in dir eine Resonanz erzeugt, rufe Sahaqiel mit den Worten: *»Sahaqiel, Sahaqiel, Sahaqiel, bitte hilf mir, meine inneren und äußeren Horizonte zu erweitern. Ich weiß, ich muss mein wahres Lebenspotenzial noch verwirklichen, aber mit deiner liebevollen Unterstützung ist nur der Himmel meine Grenze. In Liebe und Licht, Liebe und Licht, Liebe und Licht.«*

Hier sind zwei Affirmationen mit Adnachiel. Beachte, wenn du dich für Affirmationen entscheidest, mach sie so oft wie möglich, mindestens einmal täglich, bis du spürst, dass du etwas in Bewegung gesetzt hast.

Für einen optimistischeren Blick auf die Zukunft: *»Adnachiel, ich verdiene es, meiner Zukunft optimistisch entgegenzusehen, denn es ist Zeit, meine Selbstzweifel loszulassen und mich auf etwas einzulassen, was meine Talente fördert und mir mehr Erfüllung bringt.«*

Um realistisch und fokussiert zu sein: *»Adnachiel, ich weiß, ich muss mehr sein als nur ein/e TräumerIn, um meinen Horizont zu erweitern. Mit deiner Unterstützung werde ich selbstbewusst sein und mich sowohl auf mein Konzept für die Zukunft als auch auf das dementsprechende Handeln konzentrieren.«*

Wenn du Freiheit brauchst, weil du zu lange in einer bestimmten Situation gesteckt hast.

Pedael, der Engel der Entbindung, spricht:
Es gibt viele Arten von Entbindungen. Vielleicht steckst du Zuhause, in deiner Arbeit oder in einer Beziehung in einer Situation fest und weißt nicht, wie du da herauskommen kannst, vor allem wenn es Auswirkungen auf andere hat. Ruf meinen Namen mit liebevoller Absicht und bitte um Anleitung, wie du frei sein kannst, ohne andere mehr als notwendig zu verletzen. Wenn du ein wenig Geduld aufbringst und täglich in meinem Namen Licht und Liebe in die Situation schickst, wird sich eine Lösung finden.

Wenn du seine Hilfe brauchst, rufe Pedael mit den Worten:
»Pedael, Pedael, Pedael, ich weiß, ich muss mich aus dieser Situation herauslösen. Bitte hilf mir, einen Weg zu finden, mich mit so wenig Verletzungen wie möglich zu befreien, damit ich meine Vision der Zukunft wieder finden kann. In Liebe und Licht, Liebe und Licht, Liebe und Licht.«

Praktiziere diese Invokation täglich, bis sich die Dinge zu lösen beginnen.

In diesem Feuermonat hilft dir Uriel mit seiner Übung, das zu verbrennen, was der Erweiterung deines Horizontes im Wege steht.

- Angenommen, du möchtest deinen persönlichen Horizont erweitern, dann nimm dir zuerst Zeit, um darüber nachzudenken, was dich innerlich davon abhalten könnte, für deine Zukunft eine erweiterte Vision zu entwickeln.
- Schreib alles auf ein Papier, was du in deinem Körper, deinem Geist oder deiner Seele verändern oder »wegbrennen« möchtest. Es kann sich um eine Gewohnheit handeln, um eine Sucht, eine Erinnerung, eine Verletzung oder einen Charakterzug.
- Steck das Papier irgendwo an dich.
- Steh auf und streck deine Arme hoch nach oben, so weit du kannst über deinen Kopf. Dann schließ die Augen, damit du dich mehr auf das Fühlen als auf das Sehen konzentrieren kannst.
- Mit erhobenen Armen ruf Uriel mit den Worten: *»Uriel, Uriel, Uriel, schicke das reinigende, läuternde Feuer durch meine Arme in meinen Körper, um mich von … (was du aufgeschrieben hast) zu befreien. In Liebe und Licht, Liebe und Licht, Liebe und Licht.«*
- Stell dir vor (oder spüre), wie die heilende Energie des Feuers durch deine Arme herabfließt. Visualisiere sie in dem Bereich deines Magens und Bauches, im Solar- und Sakral-Chakra. Dort sitzen deine Gefühle und das Feuer reinigt sie.
- Sage dir, dass dies dauerhaft ist und verbrenne das Papier, um es zu bestätigen. Vergrabe die Asche oder spüle sie fort.
- Danke Uriel für seine Hilfe.

Farben und Kerzen unterstützen in diesem Schütze-Monat den Optimismus, die Wahrnehmung, die Intuition und die Entscheidungsfindung.

Die Farben Adnachiels und des Schützen sind alle Arten von Blautönen, von Himmelblau bis Lapislazuli und dunklen Tönen nahe dem Violett. Auch Gold spielt in diesem Feuermonat eine Rolle.

Blautöne bis Dunkelviolett. Hellblau hilft dir, deinen wahren Weg nach vorne zu erkennen und ermutigt dich, mit Sahaqiel nach den Sternen zu greifen (siehe Seite 282). Chrysokoll kann dir dabei helfen. Wenn das Blau violetter wird, lenkt es dich mehr zur medialen und spirituellen Erweiterung. Amethyst und Ametrin sind dabei nützliche Kristalle.

Schütze wird vom Jupiter regiert. Der Engel des Jupiter ist Zadkiel, dessen Dunkelblau mit goldenen Flecken, Symbol uralter Weisheit, durchsetzt ist. Zadkiels Lapislazuli und Türkis sind in diesem Monat auch passend. Gold verleiht Optimismus, Feuer- und Sonnenkraft, um die Entscheidungskraft und Tatkraft für deine Zukunftsvision zu stärken.

Kerzen passen gut in diesen Feuer-Monat. Sie verleihen allen Übungen dieses Kapitels mehr Feuerenergie. Nimm eine Kerze in den Farben dieses Monats und ritze das Schütze-Zeichen hinein (siehe Seite 278/279).

Atme Sonnenenergie mit Gazardiel, einem der Sonnenengel. Das geht selbst im Winter.

Gazardiels Botschaft lautet:
Meine Aufgabe ist es, sicherzustellen, dass die Sonne ihren täglichen Weg zurücklegt, ohne den es auf Mutter Erde kein Leben gäbe. Dieses tägliche Wunder stellt sicher, dass die Kraft der Sonne jeden Tag spürbar ist, zu jeder Jahreszeit. Selbst wenn das Feuer der Sonne vor dir verborgen ist, kannst du ihre Kraft des Optimismus mit meiner Hilfe in deinen Körper und Geist bringen.

Um Gazardiels Botschaft zu verstärken, kannst du die Übung von Seite 290 machen.

Gazardiel, ein Sonnenengel, bietet dir eine Schale voller Sonnenlicht an, um deinen Optimismus zu stärken, wenn deine Energie durch den Mangel an Sonnenlicht im Winter erschöpft ist.

- Stell dir vor, dass vor dir eine unsichtbare Schale voll gelben Feuers ist, das die Sonne repräsentiert. Du kannst die Schale in der Hand halten.
- Atme dieses leuchtend gelbe Licht drei Mal tief ein. Atme es tief in deinen Körper und bringe es mit deinem Willen dazu, dir zu helfen.
- Konzentriere dich besonders auf deinen Solarplexus, den Sitz der Sonne in dir und den Bereich, in dem deine Gefühle aufbewahrt werden.
- Richte deinen Willen darauf und stelle dir vor, wie sich deine innere Sonne entzündet und dieser ganze Bereich deines Körpers golden wird.
- Alle dunklen Gedanken werden verbannt, während du dich von dem unsichtbaren Sonnenlicht mit neuer Lebenskraft und mit Optimismus erfüllen lässt.
- Gazardiel spricht: *»Ich, Gazardiel, helfe dir, dich in dieser wohltuenden Kraft zu verankern, mit der Macht der Liebe und des Lichts.«*
- Denke daran, Gazardiel zu danken. Mach diese Übung so oft, wie du es im Winter brauchst, um dich aufzumuntern.

Sandalphons Anleitung für den Weg der spirituellen Selbstentwicklung.

Sandalphon, der Engel des Gebets, spricht:
Ich führe dich auf dem silbern leuchtenden Pfad deiner persönlichen, spirituellen Entwicklung. Ruf meinen Namen im Gebet. Ich sammle deine Gebete, die ausgesprochenen und die stillen, und verwandle sie in Blüten von strahlender Reinheit, während ich sie in deinem Namen an den Himmel weiterleite.

Um Sandalphon zu rufen, sprich: *»Sandalphon, Sandalphon, Sandalphon, bitte leite meine Gebete weiter und führe mich zu einem vollen Verständnis der Botschaften, die ich als Antwort erhalte, denn ich will mich spirituell weiterentwickeln. In Liebe und Licht, Liebe und Licht, Liebe und Licht.«*

Oriel, der Engel der Bestimmung, klärt deine Vision. Sprich: *»Oriel, Oriel, Oriel, ich suche nach meiner wahren Bestimmung im Leben und bitte um deine liebevolle Unterstützung meiner Vision, während ich mit dir und Isiaiel auf eine erfülltere Zukunft hinarbeite. In Liebe und Licht, Liebe und Licht, Liebe und Licht.«*

Isiaiel ist der goldene Schutzengel der Zukunft.

Isiaiels Botschaft lautet:
Aus Strahlen, so fein wie gesponnenes Gold, webe ich die komplexen Muster deiner Zukunft. Lass uns zusammenarbeiten, damit es ein harmonisches und farbenfrohes Muster wird. Als Erstes müssen wir uns deiner Vision widmen und sicherstellen, dass sie realistisch ist. Das ist wesentlich. Es ist der erste Teil des Musters, denn wenn das klar ist, können wir uns auf das notwendige Handeln konzentrieren. Wenn du meine Hilfe brauchst, rufe mich und wir werden gemeinsam ein wundervolles, inspiriertes und farbenfrohes Muster weben.

Um deine Zukunft umzustrukturieren, ruf Isiaiel: *»Isiaiel, Isiaiel, Isiaiel, bitte sei jetzt bei mir, um das Muster meines Lebens umzustrukturieren. Ich lasse die Vergangenheit los und schaue in eine bessere Zukunft, in der ich inspiriert bin, meine persönlichen Horizonte zu erweitern, zu meinem höchsten Wohle, höchsten Wohle, höchsten Wohle.«*

Auf den Seiten 294/295 bietet dir Isiaiel für eine bessere Zukunft ein Engel-Coaching an.

Isiaiel berät dich, wie du dir Ziele zur Erweiterung deines inneren Selbst oder deiner Aktivitäten setzen kannst.

Um deine neuen Ziele zu bestimmen. Nimm ein Blatt Papier. Setz dich hin und denk eine Weile über dein Leben nach, und was du gerne tätest, wenn du könntest. Um deinen Fokus zu stärken, rufe Isiaiel: *»Isiaiel, Isiaiel, Isiaiel, bitte hilf mir, die Ziele meiner Entwicklung zu bestimmen und mich zu entscheiden, was ich in meinem Leben wirklich machen will, zu meinem höchsten Wohle. In Liebe und Licht, Liebe und Licht, Liebe und Licht.«*

In deinem Herzen kennst du die Antwort. Schreib das von dir wahrgenommene Ziel auf das Papier.

Stell fest, was dich davon abhält. Sage: *»Isiaiel, Isiaiel, Isiaiel, bitte hilf mir, herauszufinden, was genau mich davon abhält, das zu tun, was ich tun möchte, und das zu erreichen, was ich in Zukunft erreichen möchte. In Liebe und Licht, Liebe und Licht, Liebe und Licht.«*

Vielleicht stehen mehrere Hindernisse in deinem Weg. Schreib sorgfältig alles auf, was dich davon abhält, auf dein Ziel zuzugehen.

Wie kannst du mit diesen Hindernissen umgehen? Konzentriere dich auf jedes einzelne und lass dich in deinem Herzen von Isiaiel anleiten, was zu tun ist. Sprich: *»Isiaiel, Isiaiel, Isiaiel, bitte sei jetzt bei mir und rate mir, wie ich jedes dieser Hindernisse überwinden kann, zu meinem höchsten Wohle, höchsten Wohle, höchsten Wohle.«*

Jetzt entwirf einen Handlungsplan für dich. Schreib bei jedem Hindernis auf, wie du damit umgehen kannst, damit sie eins nach dem anderen verschwinden.

Nun kannst du vorwärts gehen. Sprich: *»Isiaiel, Isiaiel, Isiaiel, bitte leite mich in meinem Handlungsplan, damit ich mir realistische Zeiträume setze, in denen ich diese Hindernisse überwinden kann. Damit bereite ich mir den Weg zu zukünftigem Glück. In Liebe und Licht, Liebe und Licht, Liebe und Licht.«*

Arbeite weiter damit, überprüfe deinen Plan so oft wie nötig. Deine Zukunft liegt in deinen eigenen Händen, aber du kannst dich immer von den Engeln unterstützen lassen.

Atme mit Zadkiel, dem Engel des Jupiter, einen lapislazuli-blaugoldenen Stern um dich herum, für eine Fülle von Visionen, Optimismus und günstigen Gelegenheiten.

- Halte einen Lapislazuli in der linken Hand, wenn du einen hast.
- Schließ deine Augen, atme reine, weiße Energie ein und alle negativen Emotionen aus, bis du anfängst, dich zu entspannen.
- Dann rufe Zadkiel: *»Zadkiel, Zadkiel, Zadkiel, ich bitte, dass deine Kraft, die Kraft des Jupiter, in mich hineinfließt und ich die Fülle empfangen kann, die ich verdiene. In Liebe und Licht, Liebe und Licht, Liebe und Licht.«*
- Stell dir vor, dass du Blau und Gold tief in dich einatmest.
- Atme diese Farben weiter ein, bis sie deinen ganzen Körper durchdringen.
- Spüre, wie du ganz von Zadkiels Fülle erfüllt wirst.

- Beim Ausatmen sprich: *»Ich atme einen dunkelblauen Stern um mich herum, der vor Weisheit golden glitzert, um mir zu helfen, die Gelegenheiten zur Fülle zu erkennen, die ich brauche. Lass das Universum mir diese Fülle bringen, zu meinem höchsten Wohle, und ich werde sie mit anderen teilen.«*
- Während du mit Zadkiels Energie verbunden bist, konzentriere dich auf die bestimmte Art von Fülle, um die es dir geht. Schicke Zadkiel mental diese Botschaft.
- Vielleicht spürst du die Energie des Sterns um dich herum. Wenn nicht, sorge dich nicht, er ist trotzdem da und hält ungefähr 36 bis 48 Stunden.
- Wenn du einen Stein in der Hand gehalten und programmiert hast, trage ihn bei dir, um seine Energie immer um dich zu haben.
- Denke daran, den Engeln für ihre Hilfe zu danken.

Erfahrungen mit der Energie der Engel

Im Laufe dieses Buches habe ich Vorschläge gemacht, wie wir die Engel täglich rufen können, um unser Leben zu bereichern, zu transformieren und uns Rat zu holen. Das kann zu wirklich erstaunlichen Ergebnissen führen – du brauchst es nur mit Liebe und Vertrauen zu tun und dir wird Außergewöhnliches widerfahren. Ans Ende all meiner Ratschläge, täglich mit den Engeln zu arbeiten, möchte ich den persönlichen Bericht einer Frau stellen, die mit den Silbernen und Goldenen Schutzengelkarten arbeitet (aus: »Schutzengel für jeden Augenblick«). Mögen auch dir wundervolle Dinge widerfahren!

»Mein großzügiges Wohnzimmer ziert eine Schale voller herrlich farbiger Kristalle und Steine, zwischen denen die Karten aus ›Schutzengel für jeden Augenblick‹ liegen. Jedes Mal, wenn ich an der Schale vorbeigehe, greife ich hinein und empfange Worte der Führung, der Wahrheit und der Offenbarung.

Seit ich die Schwelle der Wiederkehr überschritten habe, erfüllt Metatron meinen peripheren Blick mit silberweißen Funken vor dem Hintergrund von Michaels dichten Ozeanen von Blau. Die Farben vibrieren und verschmelzen, während ich meinen alltäglichen Aufgaben nachgehe. Der Ausblick auf diese ineinander tanzenden Farben erhellt meinen Weg auf Schritt und Tritt. Meine sterbliche Sicht ist dunkel, während ich mich durch den Geburtskanal auf Licht und Offenbarung hinbewege.

Im Mutterleib von Metatrons göttlicher Führung und Fürsorge schwebe ich wie ein Kind. Ich gewinne wieder ein Momentum der reinen Verbindung zur göttlichen Absicht, wie sie in mich und durch mein Leben fließen und mich vorwärts treiben will, hin zur Erfüllung meiner wahren Bestimmung.

Pistis Sophia lässt mein Herzzentrum mit goldenem Licht erglühen und umhüllt das Äußere meines Körpers mit Silber. Mein spirituelles Herz ist lebendig, es bebt vor Lebenskraft, und wenn es beginnt, sich mit meinem Kopf zu verbinden, lässt es Funken himmlischer Sterne stieben. Meine Wirbelsäule prickelt, während ich mich der göttlichen Operation hingebe, die an meiner Seele vorgenommen wird und die mir wieder Zugang dazu verschafft, wer und was ich wahrhaft bin.

Überwältigende Wellen der Segnungen überschwemmen mein Sein. Pulsierendes, vibrierendes, nährendes Licht lässt meine Geschmacksknospen erzittern, während ich beginne, das neue Leben zu schmecken, nach dessen bewusster Erfahrung ich mich in meinem Erdendasein so lange gesehnt habe.

Silberweiße Engelsflügel beginnen sich vor meinen Augen zu bilden, während sich meine Geschichte ihrem Ende nähert.«

(von Antonella Celi aus Rosebud, Australien)

Index

Achaiah 23, 26, 48, 142
Anrufungen 23, 142
Adnachiel 277 - 279
Affirmation 284
Anrufung 280
Alphun 241
Alte Muster auflösen 243
Ambitionen 39, 44, 45, 52, 54, 255, 266, 271
Ambriel 133 - 135, 141
Affirmation 140
Anrufungen 136-137, 151
Amethyst 82, 101, 141, 146, 239, 262, 268, 272, 273, 288
Anahita 96, 147, 175, 267
Anpassungsfähigkeit 135, 145, 150
Aquamarin 80, 262, 266
Arad 50, 269
Aratron 114
Anrufungen 70-71, 114, 116
Arbeit 24, 159, 298
Arbeitsplatzwechsel 24
Ärger loslassen 77, 87, 100
Ariel 120, 146, 254, 255, 263
Anrufungen 120-121, 268, 272-273
Kristalle u. Steine 146, 268
Übung mit lavendelblauer Flamme 148
Aromaöle
Jasmin 49, 74
Kamille 26, 96
Kiefer 27
Lavendel 96, 147, 267
Mandarine 175
Minze 96
Muskatellersalbei 267
Neroli1 75, 267
Orange 175, 267
Patschuli 26, 267
Rose 26, 49, 74, 143, 238, 261, 267
Rosenholz 142, 238
Sandelholz 267
Vetivergras 26, 267
Wachholder 27, 267
Zedernholz 27
Zitrone 175
Atemübungen 146, 215
Blau 80-81, 152-153, 224, 296-297
Gold 95, 164, 171, 172, 200-201, 296-297
Grün 23, 121, 125
Lavendel 148
Rosa 128-129, 248-249
Rot 104-105
Silber 47, 199, 264-265
Sonne 290
Violett 70-71
Ausdauer 25

Barakiel 61-63, 72, 253-255
Affirmationen 68, 257
Anrufungen 64-65, 256, 257
Begeisterung, Begeisterungsfähigkeit 85, 87, 92, 93
Bernstein 45, 55, 188
Atmen 56-57
Besitzergreifend 117
Besonnenheit 63, 69
Bestimmung 25
Bewerbungsgespräche 54, 298
Beziehungen 111, 119, 133, 159, 176-177, 206, 207, 209, 212
Blau 45, 69, 73, 133, 141, 212, 262, 288
Atmen 80-81, 152-153, 224, 296-297
Braun 118
Bronze 13, 21

Camael 86, 87, 93, 97, 106, 130
Anrufungen 104-105, 106
Cambiel 37-39, 48
Affirmationen 41, 44
Anrufung 40-41
Cassiel 14, 15, 78, 222
Anrufung 32-33
Kristalle u. Steine 21
Chakren 26, 70, 193, 200

Detail, Aufmerksamkeit 207
Dichten 75
Diniel 172
Direktheit 231, 247
Dokiel 174
Duma 271

Einfrieren (von Situationen) 266
Einfühlungsvermögen 37, 39, 45, 51
Emotionale Heilung 72, 73, 77, 118, 143, 260, 267
Empathie siehe Einfühlungsvermögen
Empfindsamkeit 63
Energie aufladen 92, 93, 95, 99, 183, 267
Entscheidungen 62, 68, 79, 85, 95, 167, 174, 182, 183, 230, 237, 242, 288
Entschiedenheit 87, 172, 231
Entschlossenheit 15, 20, 23, 25, 30
Entspannung 27, 29
Erdung 118, 119, 213, 267
Eth 18, 55, 250

Farben
Bernstein 45, 55, 188

Blau 45, 69, 73, 133, 141, 212, 262, 288
Gold 95, 164, 171, 172, 200-201, 296-297
Grün 23, 121, 125
Lavendel 148
Rosa 128-129, 248-249
Rot 104-105
Silber 47, 199, 264-265
Sonne 290
Violett 70-71
Federn 49, 143
Finanzielle Probleme 119, 123
Fische 61-63, 66, 72, 80
Farben 69
Pflanzen 72,74
Flexibilität 135, 145, 150, 151
Freiheit 279, 282, 285
Freude 111, 126
Fruchtbarkeit 206, 207, 210
Führungsqualitäten 182, 183, 190, 193

Gabriel 45, 158, 159, 167, 176
Anrufungen 47, 176, 177, 242, 244, 264-265
Garten der Sonne und des Mondes 178-179
Gazardiel 289, 290
Geduld 111, 114, 117
Gelassenheit finden 222
Gelb 166, 188
Geldprobleme 119, 123
Gewissenhaftigkeit 207, 209, 223
Gleichgewicht, Balance 135, 172, 174, 178, 183, 229, 231, 237, 244, 264-265
Glück stärken 127, 253, 254
Gold 79, 85, 93, 158, 167, 186, 188, 242
Atmen 95, 172, 200-201, 296-297

Grün 21, 45, 109, 118, 212, 229, 239
Atmen 23, 121, 125
Gründlichkeit 15, 20, 207, 209

Hadakiel 247
Hahlii 93, 141, 186, 212
Anrufungen 185, 186
Halsprobleme 223
Hamaliel 205-207
Handeln, rechtes 87
Haniel 110, 111, 126, 127, 128-129, 230, 231, 239
Anrufungen 246, 248-249, 261
Harmonie 178, 229, 231, 244
Haurvatat 66, 260
Herausforderungen 14, 15, 32, 102
Herzensthemen 73, 238, 246, 254, 255

Iadiel 221
Icabel 195
Individualität 87, 93, 101, 230
Innenschau 159
Innere Kraft und Stärke 15
Inspiration 39, 42, 63, 75, 196
Integration 231
Integrität 44, 269
Intuition 37, 38, 39, 45, 47, 61, 68, 167, 242, 264-265
Isiaiel 293, 294-295
Isda 190
Israfel 75
Ithuriel 145

Jofiel 174
Jungfrau 205-207
Farben 212
Kristalle u. Steine 213
Pflanzen 212
Jupiter 277, 278, 288

Kadmiel 79
Kommunikation 45, 135, 140, 150, 207, 224
Konformität 231
Koralle 253, 261, 262
Kreativität 38, 45, 55, 61, 63, 68, 74-75, 93, 142, 183, 181, 196, 267
Krebs 157-159, 167
Farben 166
Pflanzen 166
Kupfer 119, 127

Lavendelblaue Flammen-Übung 148
Leidenschaften 61, 87, 93, 97
Liebe 111, 117, 118, 119, 126, 128, 129, 170, 171, 176, 229, 231
Mitfühlende L. 246, 248-249
Besonnenheit in der Liebe 127
Lila (siehe auch violett) 69, 288
Loslassen 109, 110, 111, 128-129
Löwe 181-183, 186, 200
Farben 186, 188
Kerzen 191, 193
Kristalle u. Steine 188
Pflanzen 191

Machidiel 85-87, 93, 96
Affirmationen 92
Anrufungen 88-89, 97, 99, 107
Malachit 21, 119, 213,
Malvenfarben 69, 141, 239, 253, 262, 263, 267, 268
Mars 86, 93, 97
Matriel 169
Mediale Entwicklung 61, 63, 70-71, 253, 255, 263, 267, 268, 272-273

Meditationen 10
mit Ariel 272-273
mit Cassiel 32-33
mit Haniel 248-249
mit Michael 224
mit Mumiah 218
mit Phuel 80-81
mit Ramiel 164
mit Uriel 56-57, 193
Melchisedek 77, 82
Merkur 78, 134, 141, 143, 206, 212
Metatron 298-299
Michael 58-59, 73, 133, 134, 135, 141, 143, 154, 206, 207
Anrufungen 73, 78, 150, 152-153, 155, 223, 226, 244
Mitfühlende Liebe 246, 248-249
Mitgefühl 118, 126, 230, 231
Mond 157, 167, 170
Motivation 92
Mumiah 99, 218
Mupiel 73, 143
Muriel 157-159
Affirmationen 105
Anrufung 160-161
Musik 54, 75
Mut 86, 87, 182, 183

Nadiel 13-15, 27
Affirmationen 20
Anrufungen 16-17, 24
Nathaniel 102
Natur 29, 72, 116, 215
Negativität überwinden 27, 101, 140, 146, 296
Nein sagen 109, 110, 111, 117, 128-129
Neptun 62, 69, 80
Netzwerke bilden 207, 209
Nordwind 243

Obsidian 21, 222
Och 167, 213
Ofaniel 170
Optimismus 277, 279, 284, 288, 290
Orangefarben 55, 85, 93, 102, 186, 188, 267
Oriel 25, 292
Originalität 87, 97
Ostwinde 138

Pagiel 52
Parasiel 258
Pedael 285
Perspektive gewinnen 221
Pflanzen
für Ambriel und Zwilling 141
Heilpflanzen 96, 267
für Fische 72, 74
für Jungfrau 212, 216
für das Zeichen Krebs 166
für Löwe 191
für Skorpion 263
für den Sonne-und-Mond Garten 178-179
für Steinbock 27
für Stier 116
für Waage 238
für Wasser 72
für Wassermann 48
für Widder 96
für Zu Hause 216
Phaleg 100
Phuel 62, 63, 69, 73
Anrufungen 260, 266
Meditation 80-81
Pluto 254, 263, 272
Positive Emotionen 15
Potenzial erkennen 255, 258
Praktikabilität 15, 20, 23
Prioritäten setzen 164
Probleme lösen 133, 134, 135, 140

Radueriel 75, 196, 199
Ramiel 162
Anrufungen 162, 195
Meditation 164
Raphael 182, 183, 186, 188, 189, 202-203, 275
Anrufungen 95, 200-201, 242, 244
Realismus 279
Regenbogen 183, 186, 189
Regenengel 169
Reinigung 27, 39, 101, 169, 183
Rikbiel 51, 171
Anrufung 51
Risiken eingehen 253, 254, 257
Rochel 107, 233, 234, 236
Rosa 109, 118, 126, 133, 141, 166, 229, 239, 267
Atmen 128-129, 248-249
Rot 84, 93, 106, 262, 263, 267
Atmen104-105
Rubin 93, 104, 262
Ruhe 15, 45, 62, 63, 66, 69, 80, 81, 96, 111, 114, 117, 255, 260
Ruhiel 138, 243

Sachluph 72, 74, 216, 217
Sadriel 55, 250
Sahaqiel 147, 282, 288
Sandalphon 292
Saphir 141, 152, 224
Saturn 14, 32, 78, 222
Scharfsinnigkeit 255
Schütze 277-279, 288, 289
Farben 288
Schwangerschaft 26, 191, 267
Selbstbewusstsein, Selbstwert 38, 50, 118, 166, 167
Selbstentwicklung 145, 277, 278, 279, 282, 287, 292

Selbstverantwortung 159, 165
Selbstvertrauen 14, 15, 23, 85, 86, 87, 92, 93, 97, 106, 159, 162, 164, 165, 182, 183
Selbstzweifel 164, 181, 194
Sexuelle Leidenschaft 93, 102, 188
Sicherheit 111

Silber 45, 79, 167, 242
  Atmen 47, 264-265
Silberne Flammenschale 199
Skorpion 253-255, 257, 260, 263
  Farben 253, 261, 262
  Kristalle u. Steine 261, 262
  Pflanzen 263
Smaragd 21, 119, 213
Sofiel 215
Sonne 95, 182, 186, 188
  -Energie atmen 200-201, 289, 290
Sonne-und-Mond-Garten 178-179
Soziale Fähigkeiten 207, 209
Spiegel 49, 127, 128, 129
Stabilität 111
Standhaftigkeit 15, 21
Stärke 25, 135, 207, 223
Stärkung 86, 87, 217, 267, 277, 279
Steinbock 14, 15, 26, 32
  Farben 21
  Kristalle u. Steine 21
  Pflanzen 27
Stier 109-110, 117, 128
  Farben 118
  Kristalle u. Steine 119
  Pflanzen 116
Stimmungsschwankungen 151
Stress 29
Südwind 138

Täbris 25, 30
Tagas 54, 75
Talente 258
Topas (Farbe) 186, 188
Topas (Stein) 141, 152, 213, 224
Träume erinnern 267
Treue 195
Tual 109-110, 116
  Affirmationen 117
  Anrufungen 112-113, 125

Übernehmen, sich 110, 117
Überzeugung, innere 15, 20, 23
Umzug 24
Unterscheidungsvermögen 61, 62, 63, 68, 78
Uranus 38, 56
Uriel 38, 39, 55
  Anrufungen 193, 244, 287
  Meditation 56-57

Vasariah 123
Venus 110, 118, 119, 126, 127, 128, 230, 239
Veränderungen 13, 15, 24-25, 30, 38
Verantwortung 111, 118
Verbindlichkeiten 61, 62, 79
Verchiel 181, 182, 183, 191
  Affirmationen 194
  Anrufungen 184-185
Verlorene Dinge finden 233, 234, 236
Versuchungen widerstehen 119
Violett 69, 268
  Atmen 70-71
Violette Flammenschale 77, 100
Vitalität 205, 206, 207, 218

Waage 229-231
  Farben 239
  Kristalle u. Steine 188
  Pflanzen 191
Wasser 61, 63, 66, 72-73, 80-81, 169, 266
Wassermann 37-39, 42, 49, 52, 56
  Farben 45
  Pflanzen 48
Weisheit 15, 21, 45, 269
Weiß 165, 167
Weiße Federn 49, 226, 227, 241, 274-275, 299
Weitermachen 25
Westwind 138
Widder 85-87, 97
  Farben 93
  Kristalle u. Steine 93
  Pflanzen 96
Winde 138, 243

Yusamin 210

Zadkiel 35, 278, 279, 288
  Anrufungen 25, 54, 269
Zeit finden 18, 55
Zephon 90
Zeruch 25, 101
Ziele setzen 85, 86, 92, 294-295
Zielstrebigkeit 87, 92, 93
Zikiel 42
Zufriedenheit 118, 119, 157, 159
Zuphlas 27, 29, 212
Zuriel 229-231
  Affirmation 237
  Anrufung 232-233
Zwilling 133-135, 138
  Farben 141
  Kristalle u. Steine 141
  Pflanzen 141

Danksagung
Wie immer widme ich dieses Buch meiner Familie, die mich immer wundervoll unterstützt. Es ist auch für meine Freunde und für jene treuen Leser (deren E-mails ich sehr schätze), die mich immer wieder um ein praktisches Handbuch gebeten haben, mit dem sie wirklich anfangen können, in der Gegenwart der Engel zu leben. Ich danke Richard Rockwood für seine wundervollen Kunstwerke und ich danke natürlich den Engeln, die mich jeden Tag aufs Neue inspirieren. Welch wundervolle Welt! Ich möchte auch all jenen danken, die ihre persönlichen Geschichten von Verbindungen mit den Engeln für dieses Buch zur Verfügung gestellt haben: Antonella Celi, Nancy Alvarado, Rachel Durnford, Michelle Esclapez, Katalyn Feijens, Vicki Grady, Alison Greensmith, Alison Joy Kyle, Bobbi Malanowski, Wei Tang Phillips, Leitia Ravenscroft, Dympna Swan, Dagmar Walker and Jackie Wheatley.

Webseite von Angela McGerr:
www.angelamcgerr.com